A NOVA ROMA
COMO OS ESTADOS UNIDOS
SE TRANSFORMAM NUMA WASHINGTON IMPERIAL ATRAVÉS
DA EXPLORAÇÃO DA FÉ RELIGIOSA

Editora Appris Ltda.
1.ª Edição - Copyright© 2022 do autor
Direitos de Edição Reservados à Editora Appris Ltda.

Nenhuma parte desta obra poderá ser utilizada indevidamente, sem estar de acordo com a Lei nº 9.610/98. Se incorreções forem encontradas, serão de exclusiva responsabilidade de seus organizadores. Foi realizado o Depósito Legal na Fundação Biblioteca Nacional, de acordo com as Leis nos 10.994, de 14/12/2004, e 12.192, de 14/01/2010.

Catalogação na Fonte
Elaborado por: Josefina A. S. Guedes
Bibliotecária CRB 9/870

C224n 2022	Cannabrava Filho, Paulo
A nova Roma : como os Estados Unidos se transformam numa Washington imperial através da exploração da fé religiosa / Paulo Cannabrava Filho. - 1. ed. - Curitiba : Appris, 2022.
215 p. ; 23 cm.

Inclui bibliografia.
ISBN 978-65-250-2950-4

1. Religião e política. 2. História. 3. Imperialismo. I. Título.

CDD – 210 |

Livro de acordo com a normalização técnica da ABNT

Appris editora

Editora e Livraria Appris Ltda.
Av. Manoel Ribas, 2265 – Mercês
Curitiba/PR – CEP: 80810-002
Tel. (41) 3156 - 4731
www.editoraappris.com.br

Printed in Brazil
Impresso no Brasil

Paulo Cannabrava Filho

A NOVA ROMA
COMO OS ESTADOS UNIDOS SE TRANSFORMAM NUMA WASHINGTON IMPERIAL ATRAVÉS DA EXPLORAÇÃO DA FÉ RELIGIOSA

FICHA TÉCNICA

EDITORIAL	Augusto V. de A. Coelho
	Marli Caetano
	Sara C. de Andrade Coelho
COMITÊ EDITORIAL	Andréa Barbosa Gouveia (UFPR)
	Jacques de Lima Ferreira (UP)
	Marilda Aparecida Behrens (PUCPR)
	Ana El Achkar (UNIVERSO/RJ)
	Conrado Moreira Mendes (PUC-MG)
	Eliete Correia dos Santos (UEPB)
	Fabiano Santos (UERJ/IESP)
	Francinete Fernandes de Sousa (UEPB)
	Francisco Carlos Duarte (PUCPR)
	Francisco de Assis (Fiam-Faam, SP, Brasil)
	Juliana Reichert Assunção Tonelli (UEL)
	Maria Aparecida Barbosa (USP)
	Maria Helena Zamora (PUC-Rio)
	Maria Margarida de Andrade (Umack)
	Roque Ismael da Costa Güllich (UFFS)
	Toni Reis (UFPR)
	Valdomiro de Oliveira (UFPR)
	Valério Brusamolin (IFPR)
SUPERVISOR DA PRODUÇÃO	Renata Cristina Lopes Miccelli
ASSESSORIA EDITORIAL	Manuella Marquetti
REVISÃO	Stephanie Ferreira Lima
PRODUÇÃO EDITORIAL	Tarik de Almeida
DIAGRAMAÇÃO	Danielle Paulino
CAPA	Eneo Lage
REVISÃO DE PROVA	Cibele Bastos
	William Rodrigues
COMUNICAÇÃO	Carlos Eduardo Pereira
	Karla Pipolo Olegário
	Kananda Maria Costa Ferreira
	Cristiane Santos Gomes
LANÇAMENTOS E EVENTOS	Sara B. Santos Ribeiro Alves
LIVRARIAS	Estevão Misael
	Mateus Mariano Bandeira
GERÊNCIA DE FINANÇAS	Selma Maria Fernandes do Valle

PREFÁCIO

Paulo Cannabrava é da cepa, daqueles jornalistas formados na cobertura dos grandes conflitos do nosso tempo, que sempre trabalharam com decência, talento e conhecimento de causa. Passando pelos grandes órgãos de imprensa, desde que iniciou como jornalista do O *Tempo*, em 1957, adquiriu conhecimentos, capacidade metódica e cultura para chegar a esta brilhante obra historiográfica sobre o império, religião e política.

Em alguns períodos históricos, como na Idade Média, a filosofia (política ou não) e a religião estavam estreitamente interligadas. Em outros períodos, como na formação do iluminismo revolucionário, compunham visões de mundo até hostis — entre si —, principalmente nos debates que incidiam sobre a crítica da religião no âmbito das revoluções burguesas.

Hegel, todavia, pensava que religião e filosofia (tinham) têm o mesmo CONTEÚDO (*Inhalt*), mas se apresentavam de FORMA diferente (*Form*, não *Gestalt*), na mais elevada e mais perspicaz forma de PENSAMENTO, como no surgimento da IDEIA lógica na natureza, ou a superação de nossos impulsos naturais, (na forma) exposta pelo cristianismo, como CONCEPÇÃO. Em síntese "como (concepção) de criação do mundo por Deus, ou como (entendimento da) MORTE de Cristo"[1]. Hegel não separou a filosofia da religião, mas as contemplou como filósofo universal, sem apontar maiores estranhamentos entre ambas.

Um pequeno texto do jornalista Leandro Demori (*The Intercept*, 18/08/21), atualiza um bom exemplo dos nexos da religião com a política, de como um radical católico treinou a extrema direita brasileira. A época é a da "pós-verdade", do compromisso massivo da mídia (formalmente laica) com as reformas liberais e com as formas conservadoras tradicionais de exercício da democracia. Esses nexos contemporâneos da religião com a política permitem que as religiões, ao mesmo tempo que amparam ou sejam formalmente indiferentes à política, defendam o mercado "desregulado" do ultraliberalismo e a revogação do Estado Social, com suas militâncias e ações político-doutrinárias mais relevantes, por dentro e por fora do aparato estatal.

---

[1] INWOOD, Michael. *Dicionário Hegel*. Tradução de Álvaro Cabral, revisão técnica Karla Chediak. Rio de Janeiro: : Jorge Zahar Ed.,1997, p. 285.

A especulação financeira global e suas políticas "distributivas" (entre as diversas frações do capital) são processadas, hoje principalmente pelas religiões do dinheiro, tanto na ordem global como internamente aos sistemas estatais nacionais. Assim, registra Demori aquele "pequeno fato", que pode ser imaginado numa cena teatral:

> Os ultraconservadores católicos brasileiros viviam dispersos pela internet até dezembro de 2013. [...] Foi nesse cenário que um cidadão espanhol desembarcou no Brasil: Ignacio Arsuaga era o criador da Hazte Oir[2] ("Se Faça Ouvir") [...] Arsuaga veio ao Brasil para uma missão: juntar os militantes locais dispersos e ensiná-los como montar e financiar uma organização nos moldes da Hazte Oir [...] numa estratégia para expandir sua pauta globalmente.[3]

O presente, como dizia Elliot — num poema célebre —, funde o passado e futuro.

A influência das religiões na política latino-americana e europeia depois da 2ª grande guerra, hoje, vai se adaptando aos novos moldes políticos e às novas disputas ideológicas no mundo multipolarizado, que antes da "quebra" da URSS era simplificado pela luta bipolar contra o comunismo. Hoje, os alvos da direita fascista e de extrema-direita são mais difusos, pois é necessário, de um lado, lidar com uma sociedade mais imbecilizada pela "cultura (manipulada) de massas" e, de outro, também é importante agregar enunciados políticos mais simples para funcionarem com a racionalidade perversa exigida numa sociedade mais fragmentada e cheia de particularismos.

Fecha o pano, Alemanha na década de 1930. Cannabrava lembra a formação da "Sociedade Alemã de Higiene Racial": "fundada em 1905, ela inspira a Lei Eugenista de 1933". Prossegue o autor:

> Adolfo Hitler não inventou nada, apenas seguiu os passos dos ancestrais arianos e copiou teorias que foram sistematizadas na Inglaterra e nos Estados Unidos [...] para devotar-se ao dever de promover os melhores elementos de seu estoque racial [...] que deverá um dia tornar-se Senhor da Terra [...] principalmente agora com as tensões causadas neste século 21,

---

[2] Organização espanhola de militantes católicos ultraconservadores, fundada em 2001, de extrema direita, também dedicada a subverter os princípios republicanos e democráticos nos países em que atuam.

[3] DEMORI, Leandro. Radical católico da Espanha treinou extrema direita brasileira em 2013 com táticas que elegeram Bolsonaro. *The Intercept Brasil*, 18 de ago. de 2021.
Disponível em: https://theintercept.com/2021/08/18/catolico-espanha-citizengo-treinou-extrema-direita-2013-bolsonaro/. Acesso em: 03 out. 2021.

pelas ondas de imigrantes (com) um transfundo eugênico, de supremacismo branco (ameaçado), embora a Europa tenha a origem numa profusão de tribos e tenha vivenciado inúmeras invasões de povos vindos de todos os pontos cardeais.

É a época de "Deus, Pátria e Família".

O Estado Moderno pós-Revolução Francesa — tendencialmente laico e "de direito" — modulou os efeitos da religião na política, na crise final do feudalismo, mas também absorveu, em certa medida (nos Estados do século XX), os avanços republicanos pretendidos pelos democratas radicais, socialistas e socialdemocratas. O sentido da liberdade (com democracia) abria-se para uma combinação virtuosa com a efetividade dos direitos. O imperialismo e o sistema colonial-imperial, todavia, já tinham passado por sucessivas experiências, mediando as suas formas de domínio e adaptando-as, para cumprirem suas novas tarefas "civilizatórias", sempre que possível por dentro da ordem republicana.

Este importante livro de Paulo Cannabrava — *A Nova Roma: como os Estados Unidos se transformaram numa Washington Imperial através da exploração da fé religiosa* — é um estudo histórico vinculativo do novo sistema imperial americano (cuja utilização pragmática da religião coesiona as suas formas de dominação) já aperfeiçoadas historicamente, análogas à exercida pelo Império Romano na antiguidade clássica. A dogmática religiosa, neste contexto, não promove o mesmo "topoi" de dominação política, como era exercido na sociedade escravista ou feudal, porém, adapta-se ao tempo histórico em que religião e governo não estão mais institucionalmente integrados.

No seu clássico *A lei e a ordem*, Ralf Dahrendorf lembra que nem todas as conquistas de cidadania, na sua margem proletária, foram diretamente resultado dos conflitos de classe, agregando que foram extremamente "importantes as duas guerras mundiais do século 20". Reconhece o autor, todavia, que ao fim de tudo, "a expressão organizada de um conflito subjacente de interesse de classe, através dos partidos políticos, (como) contestação tem sido a principal força impulsora do processo social no mundo industrializado".

Muitos dos partidos políticos, hoje, vêm de organizações "religiosas" (ou estão rachados pelas religiões do dinheiro) e emergem por dentro do sistema político como verdadeiros aparelhos ideológicos de reprodução da dominação classista: religião e política, como Democracia e República, fundem-se, assim, numa nova totalidade.

A presente obra de Cannabrava percorre esse processo. Na sociologia política contemporânea está cravado um conceito liberal-democrático, no qual o

> [...] o sujeito político é, ao mesmo tempo, um agente de libertação e de submissão, como já fora, antes dele, o sujeito religioso. A ideia de nação dá forma à soberania popular e, ao mesmo tempo, concede ao Estado, que fala em nome da vontade geral, um poder absoluto, que traz implícito um risco de totalitarismo.[4]

A utilização da religião que simula laicidade para interferir na política a partir do Estado Moderno (no atual ciclo político global) coloca as religiões — em maior ou menor grau — como meras associações de interesse para obter mais e mais dinheiro para os seus "sacerdotes". Estes pervertem o objetivo formalmente democrático dos "partidos" no sistema democrático liberal-representativo e os tornam simples pontos das redes de ilegalidades no circuito da acumulação privada.

A presença das várias religiões do dinheiro na vida política contemporânea também estabelece uma concorrência predatória no "mercado político", entre os grupos religiosos (dos mais autênticos e com os menos religiosos no sentido estrito) fundidos na mesma crise. O colonialismo, o imperialismo da era industrial, bem como sistema "colonial-imperial" vêm sendo substituídos, portanto, por um modo mais dinâmico e mais flexível de dominação na era do capital financeiro. Esse modo de ser realiza-se por dentro dos fluxos financeiros que subordinam os estados nacionais, por meio dos quais eles controlam os países endividados.

A disputa pela capacidade de dominar corações e mentes, nesses fluxos, frequentemente desvinculando a ação política dos requerimentos imediatos do mercado, é flagrante: "no atual contexto, a política tem tão pouca cultura econômica quanto a economia, cultura política. Quantas vezes, nestes últimos 10 anos, não teremos dado prioridade à economia sobre a política![5]".

Quando a força da política e da economia não mais se separam e estão fundidas na cultura política e na religião, república e democracia ficam deformadas na mesma crise civilizatória. Este livro ajuda-nos não só

---

[4] TOURAINE, Alain. *Poderemos viver juntos?* Iguais e diferentes. Tradução de Jaime A. Clasen e Ephraim F. Alves. Petrópolis: Vozes, 1998, p. 242.

[5] POLANYI, Karl. *Los límites del mercado*: reflexiones sobre economía, antropología y democracia. Tradução de Cesar Renduele. Madrid: Capitán Swing, 2014, p. 55. Tradução do autor.

a compreender, mas também a criticar e a pensar no resgate da democracia autêntica e na República laica do futuro. A vitória de um pensamento fascista é sempre mais uma vitória política sobre a República e a democracia e menos uma "determinação" de base econômica espoliadora do sistema do capital, que pode resolver suas crises de diversas formas mais (ou menos) bárbaras, mais (ou menos) democráticas. Salve Paulo Cannabrava que, com seu esforço e originalidade, ajuda-nos a fincar os pés na terra para lutarmos juntos laica e republicanamente.

Tarso Genro
Gaúcho de São Borja, advogado, professor universitário e jornalista, com dezenas de obras publicadas no Brasil e no exterior, sobre direito e política. Foi por duas vezes prefeito de Porto Alegre, deputado federal, governador do Rio Grande do Sul, ministro da Educação, ministro das Relações Institucionais e ministro da Justiça no governo de Lula.

SUMÁRIO

INTRODUÇÃO 15

A IGREJA DE ROMA IMPERIAL E O FASCISMO 21

COLONIALISTA E ESCRAVAGISTA 23

A IGREJA DE ROMA PERDE ESPAÇO 25

IGREJA E O INTEGRALISMO BRASILEIRO 27

A DEMOCRACIA CRISTÃ 29

"O PARTIDO DE DEUS" 31

AS MENINAS DE FÁTIMA 35

A OBRA DE DEUS 37

ORDEM DE MALTA 41

A IGREJA DE WASHINGTON 43

CONGRESSO CONTINENTAL ANTICOMUNISTA 47

A CRUZADA ANTICOMUNISTA 53

INSTITUTO LINGUÍSTICO DE VERÃO 57

RELIGIÕES NEOPENTECOSTAIS 71

O FUNDAMENTALISMO PENTECOSTAL NO BRASIL 77

GOLPE GOSPEL NA BOLÍVIA 85

A MÁ ESCOLA E O ANALFABETISMO FUNCIONAL CONTRIBUEM PARA A ALIENAÇÃO E DOMINAÇÃO DO POVO......................... 89

O ESTADO EM GUERRA CONTRA O POVO 95

PROFECIA DE CINDY JACOBS 97

O ESTADO É LAICO, MAS NÓS SOMOS CRISTÃOS..................... 107

O PODER GOSPEL DE COMUNICAÇÃO..................................... 109

PERSUADIR 111

GOSPEL NA ELEIÇÃO DE 2018 113

OS PERSONAGENS 117

O PODER POLÍTICO GOSPEL.. 119

FRENTE PARLAMENTAR EVANGÉLICA 123

ALIANÇA PELO BRASIL – NOVO PARTIDO DE DEUS.................. 125

RESULTADO ELEITORAIS, AS BANCADAS DE DEUS– 2014 E 2018 127

O PODER MILITAR GOSPEL – EVANGELIZAÇÃO PENTECOSTAL DOS MILITARES... 133

JUVENTUDE MILITAR EVANGÉLICA.. 135

UNIÃO DE MILITARES CRISTÃOS EVANGÉLICOS DO BRASIL (UNCEB)... 137

UNIÃO DE MILITARES EVANGÉLICOS DA MARINHA (UMEM)...... 139

PMS DE CRISTO 141

ESTAMOS EM GUERRA CIVIL HÁ 500 ANOS – A HISTÓRIA PREGRESSA DAS PMS 143

O GOVERNO DE OCUPAÇÃO 149

DENOMINAÇÕES RELIGIOSAS A SERVIÇO DA NOVA ROMA 151

OS CALVINISTAS 153

IGREJA PRESBITERIANA EUA 155

IGREJA PRESBITERIANA BRASILEIRA 157

IGREJA PRESBITERIANA DO BRASIL 159

COALIZÃO PELO EVANGELHO *(THE GOSPEL COALITION)* 161

UNIVERSIDADE MACKENZIE – UMA CASA CALVINISTA 163

MÓRMONS OU IGREJA DOS SANTOS DOS ÚLTIMOS DIAS 165

ALIANÇA CRISTÃ EVANGÉLICA BRASILEIRA 167

MOVIMENTO CRIATIVIDADE 169

UM MERGULHO NO UNIVERSO NEONAZISTA 171

IGREJA BATISTA THOMAS ROAD 173

IGREJA DO EVANGELHO QUADRANGULAR 175

IGREJA CRISTÃ MARANATA 177

TESTEMUNHAS DE JEOVÁ 179

ASSEMBLEIA DE DEUS MINISTÉRIO VITÓRIA EM CRISTO 181

IGREJA APOSTÓLICA RENASCER EM CRISTO 183

IGREJA INTERNACIONAL DA GRAÇA DE DEUS 185

IGREJA UNIVERSAL DO REINO DE DEUS – IURD 187

FORÇA JOVEM UNIVERSAL 189

IGREJA MUNDIAL DO PODER DE DEUS 191

COMUNIDADE EVANGÉLICA SARA NOSSA TERRA 193

IGREJA NACIONAL DO SENHOR JESUS CRISTO 195

IGREJA EVANGÉLICA CRISTO VIVE 197

POSFÁCIO
A QUESTÃO RELIGIOSA E O ADVENTO DA NOVA ROMA 199

REFERÊNCIAS 213

INTRODUÇÃO

Deve haver múltiplas razões para que o Império Romano adotasse o cristianismo monoteísta ou a religião dos cristãos e seus evangelistas como religião de Estado. Aqui, vamos nos referir apenas a alguns dos fatos que ajudam a compreender o papel da religião como fonte de poder e perpetuação da dominação imperial. Seja lá que império for.

Da Roma dos Caesares à Roma dos Pontífices, o que é que muda?

César governava com uma multiplicidade de divindades e tinha nos sacerdotes competidores. Difícil de administrar. O declínio de Roma dá lugar a Novas Romas. No lugar de César, o Pontífice. Em ambos os casos, poder e totalitarismo.

Luis Mir, em seu extenso livro *Partido de Deus*, explica isso com clareza meridiana:

> O totalitarismo do cristianismo não é originário do judaísmo ou do cristianismo primitivo (como seita judaica). Os primitivos cristãos não pretendiam uma institucionalidade religiosa, crentes na parusia[6], o retorno iminente de Cristo. É resultado da invenção da crença única, de uma ideologia religiosa expansionista (do Império Romano) dirigida por um só indivíduo, o imperador, com uma conduta guerreira exacerbada, o monopólio da violência religiosa. Nestes dois mil anos assistimos a um deslizamento do cristianismo primitivo, de ideia religiosa, para um sistema totalitário religioso. Nele se diluem o Estado, as nações, as religiões, as classes sociais, todos os estratagemas constitutivos de uma identidade metaindividual: não há nenhum sentido na centralidade humana se a salvação deve ser o particular objetivo do indivíduo. [...] O cristianismo como sistema ideológico imperial romano, a partir do século 4, se torna uma armação totalitária (um império, uma língua, uma religião). O centralismo imperial é o primitivo conceito de uma federação de cidades-estado. O quimérico que o Ocidente seguira a partir da débâcle romana seria a dominação cristã, uma nova institucionalidade totalitária regida pelo pontífice, e não mais pelo imperador. [...] A defasagem entre a ideia inicial imperial (convivência constrangida do

---
[6] Parusia é o termo usado para definir a segunda volta do Cristo à terra.

cristianismo com diferentes crenças) e a configuração de um culto absolutista exigiu sucessivas composições feitas pela casta católica ao longo dos séculos dentro da estrutura de poder imperial (MIR, 2005 p. 34).

Nascem as teorias eugênicas

Karl Marx não nega a religião, posto que é de foro íntimo crer ou não crer. O que ele faz é a crítica do uso que as religiões fazem das crenças e suas sequelas. Nós também.

O que é constante, desde a origem, é a mistura entre teologia e ideologia com objetivo único de construção e manutenção do poder. É a religião de Estado ou estado religioso que assegura ao longo da história o poder de elites e a submissão das massas. O catolicismo como religião estatal é isso e está, portanto, ligado ao capitalismo desde suas origens.

O racismo é outra manifestação da dominação. Como diria Frantz Fanon, cada um em seu lugar, no seu lugar, eu aqui, ele lá. Cada um deve estar no lugar que lhe é designado. O pobre é pobre por vontade de Deus e dele será o reino do céu. O rico paga o dízimo e será perdoado. As religiões fundadas nos "eleitos" por Deus, como as de origem judaico-cristãs, são, em sua essência, racistas.

O islamismo, por exemplo, a partir de sua fixação em Medina, expande-se pelas armas e pela fé como religião de Estado. A Igreja de Roma, igualmente, em cada uma das suas vertentes, consolida-se como religião de Estado.

As 12 colônias da Inglaterra no litoral da América do Norte têm no seu cerne a ideia ariana de marcha para o Oeste para levar a "civilização" e o Deus salvador. Seguindo o Destino Manifesto de um Povo Eleito, continuam a marcha para o Oeste até as costas do Pacífico. É uma marcha comparável a uma nuvem de gafanhoto — não sobra nada: povos originários, bisontes, vegetação, tudo é destruído para a evolução do ser superior.

Veja que essa ideia de predestinado, de povo eleito, está no cerne das religiões e nas doutrinas que sustentam o expansionismo dos Estados imperiais. Para evitar a degeneração da raça, eles criaram uma teoria científica do aperfeiçoamento da raça. O termo eugenia foi criado por Francis Galton (1822-1911), na Inglaterra, e serviu de inspiração para a fundação de um laboratório de investigação genética, nas cercanias de Nova York, em 1890.

A sociedade alemã de higiene racial é de 1905 e inspirou a Lei Eugenista de 1933. Adolf Hitler não inventou nada, apenas seguiu os passos dos ancestrais arianos e copiou as teorias que foram sistematizadas na Inglaterra e nos Estados Unidos. Demoniza o Estado, investe contra os sindicatos, os marxistas, prega a necessidade de liquidar com a Rússia dos bolcheviques. Para derrotar a Rússia espera contar com a afinidade da Inglaterra e da Itália. Veja estes parágrafos do Mein Kampf, escrito por Hitler em 1923[7]:

> O Estado alemão deve reunir todos os alemães com a finalidade não só de selecionar os melhores elementos raciais e conservá-los mas também de elevá-los, lenta mas firmemente, a uma posição de domínio (HITLER, 1923, p. 207).
>
> Devemos levar ao marxismo a convicção de que o futuro dono da rua é o Nacional-Socialismo, assim como, de futuro, ele será, o senhor do Estado (HITLER, 1923, p. 287).
>
> O movimento nacional socialista, que tem em mira o Estado nacional socialista racista, não deve alimentar a menor dúvida de que todas as instituições futuras desse Estado deverão surgir de dentro do próprio movimento (HITLER, 1923, p. 316).
>
> Refletindo-se, friamente, chega-se à conclusão de que a Inglaterra e a Itália são os dois Estados, cujos interesses naturais menos se encontram em conflito com as condições essenciais para a existência da nação alemã e que, até certo ponto, se identificam com os nossos interesses (HITLER, 1923, p. 328).
>
> Um Estado que, numa época de envenenamento racial, devota-se ao dever de promover os melhores elemento de seu estoque racial deverá um dia tornar-se Senhor do Mundo (HITLER, 1923, p. 364).

Hitler esqueceu de perguntar aos comunistas, ciganos, muçulmanos, judeus e demais povos da Eurásia se estavam de acordo. Essas lembranças são importantes, porque essas coisas se conectam e, como numa verdadeira salada, aparecem nos discursos dos pregadores religiosos e dos líderes políticos.

---
[7] Disponível em: https://letras-lyrics.com.br/PDF/Adolf-Hitler/Adolf-Hitler-Mein-Kampf-PT.pdf.

As tensões causadas, neste século XXI, pelas ondas de imigrantes, têm um transfundo eugênico, de supremacismo branco (ameaçado), embora a Europa tenha origem numa profusão de tribos e ter vivenciado inúmeras invasões de povos vindos de todos os pontos cardeais.

As Cruzadas também tinham uma motivação supremacista — libertar Jerusalém dos ímpios e devolvê-la aos cristãos. Ora... se todos somos iguais perante a Deus, por que não podemos compartilhar o mesmo espaço? Com essa mesma ideia de povo eleito, superior, escravizavam ou exterminavam os povos conquistados. A questão étnica, sempre ligada à religião, está na origem do racismo e da divisão da sociedade em castas ou categorizando as pessoas, de acordo com mais ricos e menos ricos, mais sábios e menos sábios. Na Índia, onde o sistema de castas foi trazido por tribos arianas vindas da Ásia Central, como os nativos são inferiores, devem ficar em seus lugares ou dizimados. É tão estratificado o sistema de castas indiano que foi criado os intocáveis, considerados subumanos, sem direitos.

Da Ásia Central, os arianos foram para a Alemanha, da Alemanha para a Inglaterra. Conquistaram quase que a metade do planeta e, na marcha para o Oeste, ocuparam o litoral da América do Norte de onde iniciaram nova marcha ao Oeste. Conquistado o território, iniciaram a conquista do planeta. A Nova Roma tem que ser maior que a Velha Inglaterra imperial.

A laicidade do Estado, entendendo isso como a separação entre o Estado e a Religião, é muito recente. Assim mesmo, conta-se nos dedos os Estados que podem ser considerados como realmente laicos. No Ocidente, na chamada civilização ocidental e cristã, esse processo de separação, iniciado talvez com a Revolução Francesa, impulsionado depois por iluministas, positivistas, marxista e outras correntes filosóficas, não obstante é ainda incipiente.

A Igreja de Roma, e as que dela se separaram, em sua evolução histórica, é a evolução do Estado religioso. Vale perguntar: qual a diferença com o Estado Islâmico?

Nos séculos VII ao XI, o obscurantismo era o catolicismo europeu. A luz da civilização era o Islã. Era ali onde florescia as ciências e a tolerância religiosa. As torturas aos presos por ideologia não foram invenção nem da CIA nem dos franceses na Guerra de Argel, foram, sim, invenção e prática da Igreja de Roma. O pau-de-arara e a cadeira-do-dragão utilizados pela repressão dos militares brasileiros, franceses, estadunidenses, israelenses e ingleses são meros brinquedos diante das infernais máquinas de tortura utilizadas pela Inquisição. Como não tinha eletricidade, utilizavam ferro em brasa. Tudo isso pode ser visto bem conservado no Museu da Inquisição, em Lima, Peru. Arrepiante, inaudito. Só não se pode dizer inacreditável, porque está lá, tão concreto como real foi Torquemada[8], o assassino mor da Igreja de Roma no mundo ibérico.

O Islã não teve um Torquemada, nem tem nada como as prisões de Abu Grab ou Guantánamo. A violência no mundo islâmico de hoje deve ser vista e entendida como consequência. O que eram as Cruzadas se não tentativas da Igreja de Roma de se impor sobre os povos do Oriente do Mediterrâneo? E a fragmentação por meio de fronteiras artificiais do mundo islâmico a partir de duas guerras mundiais no século XX não é outra tentativa de ocupação e saqueio do Oriente pelo Ocidente cristão? As seitas fundamentalistas, que aterrorizam a humanidade hoje, foram todas criações do Ocidente, treinadas e armadas pelos serviços de inteligência ocidentais (europeus, israelenses e estadunidenses), resultado das táticas divisionistas e desestabilizadoras para assegurar a hegemonia.

Na Roma Imperial, a disputa por hegemonia aliada à dificuldade de manter sob controle tão vastas terras e tão dispares culturas levou a divisão, formando-se o Império do Oriente e o do Ocidente, cada um associado a uma igreja diversa, mas sob um mesmo Deus e textos sagrados mantendo-se como instrumento de dominação. O que vai ocorrer no Oriente mereceu pouca atenção dos historiadores e nenhum dos textos oficiais da Igreja de Roma. A "Civilização Cristã" é coisa do Ocidente. Ela vai sofrer divisões, as quais são fruto das disputas por hegemonia, rebeliões contra tirania, invasões e ocupações por outras culturas e principalmente com a Reforma e a Contrarreforma e as pós-reformas.

A Reforma que abalou os alicerces das monarquias ungidas por Roma, contudo, evoluirá como uma nova religião de Estado. Ou não? E a Contrarreforma vai provocar não a competição, mas a convivência. Afinal, como diria um republicano espanhol, o que une é sempre o deus maior — *el dios dinero* — aquele que realmente assegura o poder.

---
[8] Tomás de Torquemada (1420-1498) foi o inquisidor geral dos reinos de Castela e Aragão no século XV.

Reforma – o alemão Martinho Lutero (1483-1546) rebelou-se contra uma Igreja de pomba e exploração e empenhada em enriquecer. Pode-se dizer que foi uma rebelião dos pobres (camponeses) contra a nobreza exploradora.

João Calvino (1509-1564) radicaliza as ideias de Lutero e as utiliza como religião de Estado, um estado repressor.

Contrarreforma – Concílio de Trento, sob o papado de Paulo III (1545), trata de colocar as coisas no lugar e unificar a Igreja, colocando-a no caminho que, com variações, persiste ainda hoje.

A IGREJA DE ROMA IMPERIAL E O FASCISMO

A Itália era uma monarquia confessional. Em todas as repartições públicas, salas de aulas, tribunais, hospitais, cadeias tinham crucifixos nas paredes e presença de um padre e nas escolas se ensinava religião. Veio Mussolini (1883-1945), o expansionismo militar e a aliança com Hitler. Isso só vai acabar com a derrota do fascismo na II Guerra Mundial e a ocupação pelos Estados Unidos, a que dura até hoje.

Antes disso, era um conjunto de Estados papais, feudos de nobres que obedeciam ao papa. A guerra civil, a partir da segunda metade dos anos 1800, unificou a Itália e, em 1861, Victório Emanuel II proclama o Reino de Itália, ficando fora somente a Roma dos papas. Em setembro de 1870, Roma cai, capitula e o papado é confinado no Vaticano, mantendo, contudo, infinidade de propriedades.

Vale lembrar que quem começou o movimento revolucionário foi Giuseppe Mazzini, com um projeto libertário — contra a dominação da Áustria — e republicano — contra as monarquias. Quem ganhou a guerra foi o reino sardo-piamontês, com o apoio da França napoleônica e, claro, do Vaticano e demais nobrezas.

Sob Itália unificada sob o reinado de Victório Emanuel II, o Vaticano pensou ter chegado a hora de reconstruir o poder imperial de Roma. Mussolini toma o poder em 1922.

Então, o que se vê hoje é a Igreja de Roma, nos Estados em que historicamente ela é hegemônica, servir fielmente à construção da hegemonia da Novíssima Roma, o império cuja capital está em Washington.

Nas palavras de Arnold Toynbee,

> [...] *os EUA são na atualidade o líder de um movimento anti-revolucionário mundial em defesa de determinados interesses criados. Lutam pelo mesmo que lutou Roma. Roma apoiou o rico contra o pobre em todas as comunidades estrangeiras que caíram sob seu poder, e como os pobres ficaram cada vez mais numerosos que os ricos, Roma se fez partidária da desigualdade, da injustiça e a menor felicidade para o maior número. A menos que minha apreciação seja incorreta, EUA adotaram deliberadamente a decisão de desempenhar o papel de Roma* (TOYNBEE, 1961).

Num passado não muito remoto, os reis eram reis, porque foram ungidos por Roma. E agora, não seria Roma que se mantém porque foi ungida por Washington? Não se pode esquecer que, desde o Armistício de Yalta, que pôs fim a II Grande Guerra, não só a Itália, como toda a Europa Ocidental estão ocupadas por tropas dos Estados Unidos.

A chegada do cardeal polonês Karol Wojtyla ao Vaticano marca uma guinada na política da Igreja de Roma, que vai favorecer grandemente a estratégia de construção de hegemonia da Nova Roma, ou seja, do império estadunidense. O pontificiado de João Paulo II, diz a socióloga e historiadora argentina Ana Maria Ezcurra (1984, p. 85).

> [...] *implicou na organização e no lançamento de uma forte ofensiva conservadora, marcada pela ortodoxia doutrinaria, pelo apoio à centralização nas decisões e por uma revitalizarão do papado e, em geral, das hierarquias eclesiásticas. Trata-se de uma reação e de um avanço permeados por formações ideológicas antiliberais e antimarxistas, o que -como veremos mais adiante- gera zonas importantes de contato com o renascimento conservador nos EUA.*

João Paulo II coloca os bispos em toda América Latina, por meio da Conferência Episcopal Latino-americana (Celam), em Bogotá, Colômbia, 1986, na ofensiva contra tudo o que havia de progressista ou reformista na Igreja, principalmente nos países da América Latina onde tinha conquistado espaço a igreja popular fundada na teologia da libertação.

COLONIALISTA E ESCRAVAGISTA

O que foi para os povos originários das Américas o que historiadores denominam como fase dos descobrimentos? Tal o afã por esconder as verdadeiras razões dos desembarques e conquistas que historiadores precisaram defender a hipóteses do acaso na descoberta do Brasil.

Expansão do capitalismo mercantilista, pura e simplesmente. Da Espanha e Portugal e, não demorou muito, da Inglaterra, França, Bélgica, Holanda, Alemanha. Auge das especiarias e da pirataria. Explosão do mercantilismo e do colonialismo escravagista. Tudo feito em nome de Deus, com a cruz numa mão e a espada noutra. Tudo para salvar a humanidade dos ímpios, dos selvagens pagãos, cristianizá-los para abrir-lhes as portas à vida eterna. Que é isso, cara pálida? Não é com esse mesmo pretexto que invadiram o Iraque, a Líbia, o Afeganistão? E não é com esse mesmo pretexto que asseguram a manutenção do saqueio das riquezas?

Mundo, mundo, vasto mundo. Se eu me chamasse Raimundo, seria uma rima não uma solução, é o que diria o poeta. Eis a essência do Estado religioso.

> *A fé absolutista conduz a uma idolatria da autoridade e ao dogma, a uma prática ritual e ética esotéricas. Agravado pela espécie, aí sim escancaradamente imperialista e eugenista, de impor às raças inferiores um poder sem limites. As religiões cristã e islâmica continuamente cederam à tentação das carnificinas pela fé, como demonstração da superioridade de seu sistema de idéias e práxis. O combate ao mal se banaliza, e o totalitarismo religioso produz artificialmente a massa amorfa que é o pressuposto de seu domínio. Consumado no sacrifício, sobre o altar dos ídolos, com todas as leis necessitarias. No universo religioso o poder espiritual aspira permanentemente a transformar-se em poder real, só provável como poder totalitário* (MIR, 2005, p. 35).

A IGREJA DE ROMA PERDE ESPAÇO

No Brasil e demais países da América Latina, a Igreja de Roma vem perdendo espaço, particularmente nos últimos 50 anos. Distanciamento dos pobres com o abandono e perseguição dos teólogos da libertação; padres e bispos envolvidos com pedofilia; escândalos financeiros; envolvimento com as máfias. Tudo isso abalou a credibilidade. Agregue-se a isso o trabalho intenso dos pastores das novas seitas de origem protestante e pentecostal.

A eleição de um novo papa fora da tradição do Vaticano é sintoma de que a Igreja decidiu atuar na área psicossocial para reverter as expectativas. Para moralizar a área financeira, recuperar a credibilidade abalada dos fiéis, era preciso escolher um papa que encarnasse novos paradigmas, mas sem ameaças ao *status quo*. O papa Francisco[9], argentino, com afinidades com os teólogos menos ortodoxos, está moldado para isso.

Registre-se também que esse movimento pendular, ora à esquerda ora à direita, uma mão para as elites, outra para os pobres, longe de ser uma novidade, está sempre presente, principalmente nos países da América Latina.

Não obstante, Nossa América é culturalmente católica, e isso com raízes profundas não só nas classes dominantes. O casamento na igreja e o batizado dos filhos fazem parte do ser social. Inclusive, as seitas neopentecostais e os cultos afro-índio-brasileiros corroboram com essa tradição. E como o Estado (constitucionalmente laico) sabe que o poder passa pela associação com a religião, promove uma relação promíscua com as Igrejas, facilitando a construção da hegemonia pela Novíssima Roma.

A única nação que está tentando romper com esse ciclo milenar de dominação ocidental e cristã é a boliviana. E o faz a partir do Estado, pregando a sacralização da natureza, o retorno aos cultos ancestrais. O Estado pluriétnico, pluricultural, respeitando a diversidade, isto é, a cultura e tradição de cada povo, é um caminho de libertação, sem dúvida, esse liderado por Evo Morales.

---

[9] Cardeal Jorge Mario Bergoglio, o 266º papa, nasceu na Argentina em 1936.

IGREJA E O INTEGRALISMO BRASILEIRO

No Brasil, a Revolução de 30, inclusive a Constituição de 1934, dividiu as oligarquias, mas não a Igreja de Roma, que, nos governos de Vargas, ampliou e aperfeiçoou sua inserção, tanto no Estado como na sociedade, que havia sido um tanto abalada no início do período republicano. Capelão de Exército, Círculos Operários, Juventude Operaria Católica, Juventude Agraria são avanços significativos.

Paralelamente, com apoio da igreja, Plínio Salgado (1895-1975), no comando de seu Partido de Representação Popular (PRP), lança em outubro de 1932 seu manifesto que cria a Ação Integralista Brasileira (AIB). O manifesto abre com a frase: *"Deus dirige os destinos dos povos"*[10].

Sob o lema *Deus, Pátria e Família* e o pensamento de que sua base está em Deus e sua inspiração nos ensinamentos do Evangelho, tinha o objetivo de construir a grande pátria cristã. Reuniu grande quantidade de intelectuais católicos que atuavam nas mais diversas áreas, além de ter espaço para seus escritos nas mídias. Bispo da dimensão de D. Helder Câmara (que querem canonizar), entre outros prelados, fez parte desse movimento.

Eles se acreditavam superiores e não escondiam o racismo praticando explícito antissemitismo e anticomunismo. Alcançou seu auge a ponto de ameaçar a República. Não faltavam modelos políticos para seguir: Mussolini na Itália, Franco na Espanha, Salazar em Portugal, o próprio Hitler na Alemanha. Vargas é quem lhes cortou as azas.

Nessa época, de inegável transformação social e econômica no Brasil, paradoxalmente, Igreja e Estado foram aliados na conquista da hegemonia sobre o movimento sindical nascido das lutas operárias lideradas por anarquistas e comunistas. Foram anos de auge do poder da Igreja de Roma, seguido por um período de declínio.

Eram também os tempos em que a diplomacia das canhoneiras dava lugar à da boa vizinhança. Já não desembarcam tantos fuzileiros navais, mas redobram os missionários, os agentes secretos e a Coca-Coca[11]. Os pentecostais e neopentecostais passam a fazer dura concorrência com a Igreja de Roma.

---
[10] Manifesto de 7 de outubro de 1932. Disponível em: https://integralismo.org.br/manifesto-de-7-de-outubro-de-1932/.

[11] Estados Unidos, a cada guerra que trava, deixa em seus rastros os evangélicos e uma fábrica da Coca-Cola.

No Brasil, nesse novo cenário, em 1952, funda-se a Conferência Nacional dos Bispos (CNBB), a partir da qual, seguindo orientação de Roma, empenha-se em organizar os trabalhadores e os estudantes com vistas a recuperar o terreno perdido. O pêndulo que estava à direita se inclina para esquerda. Foram criadas a Juventude Operaria Católica (JOC), Juventude Estudantil Católica (JEC), Juventude Universitária Católica (JUC) e logo a Ação Católica (AP). Alimentavam o sonho de no maior país católico do mundo ter o maior partido político católico do planeta.

Em 1955, foi instituída a Conferência Episcopal Latino-americana (Celam). A experiência exitosa da CNBB é reproduzida nos demais países do continente sob estrito controle do Vaticano.

A década de 1960 tem início e transcorre sob a égide de um novo fantasma a assombrar as elites governantes e os guardiões do conservadorismo, ou seja, a Igreja de Roma: a vitoriosa Revolução Cubana. Socialismo e ateísmo desafiando a hegemonia do capitalismo e alienação religiosa.

Herdeiros legítimos da AIB, porém, sem uma política de massas, surge em 1960 a Sociedade Brasileira de Defesa da Tradição, Família e Propriedade, mais conhecida como TFP, fundada e dirigida por um outro Plínio, Plínio Corrêa de Oliveira (1908-1995). Desempenhou intensa atividade contra a reforma agrária, contra bispos progressistas, como dom Helder Câmara, e contra o governo de João Goulart, a quem acusava de comunista. As mobilizações da TFP com as Marchas da Família com Deus pela Liberdade foram forte estímulo para os militares perpetrarem o golpe de 1º de abril de 1964 que depôs Goulart e nos impôs 21 anos de ditadura discricionária e reacionária.

No lugar da TFP, surge, em 2006, na mesma mansão herdada os barões do café, o Instituto Plínio Correia de Oliveira, com a finalidade de dar continuidade ao pensamento e às práticas da antecessora. Realizam caravanas, cruzadas pela família, um verdadeiro catecismo fundamentalista.

Entre os membros destacados estão Dom Luiz de Orleans e Bragança e seu irmão Dom Bertrand de Orleans e Bragança, próceres da nova direita hoje no governo.

A DEMOCRACIA CRISTÃ

O projeto do Partido Democrata Cristão (PDC) não deu certo no Brasil. Chegou a ter certa influência na década de 1960 e participar do poder com líderes como Franco Montoro, Plínio de Arruda Sampaio, Paulo de Tarso, mas isso durou pouco, pois a democracia foi abortada com o golpe de 1° de abril de 1964.

Vale lembrar que o anticomunismo no Brasil, particularmente nas forças armadas, é anterior à Guerra Fria. Tem suas raízes na influência francesa e alemã, tanto na formação militar como na acadêmica, e influência da imigração italiana em massa na sociedade. Após a Revolução Russa de 1917, a contrarrevolução se impôs nos governos desses países. Coincidentemente, nos EUA, o domínio, já histórico, de uma elite conservadora. Tão conservadora que nem o fato de a União Soviética ter integrado as forças aliadas e ter decidido a vitória na guerra contra o eixo nazifascista foi suficiente para alterar ou mesmo sequer sensibilizar os fundamentalistas.

No âmbito interno, temos no Brasil a geração que protagonizou a rebeldia dos anos 1920, que conduziu à Revolução de outubro de 1930. Geração que agia mais sob a influência das revoluções estadunidense e francesa do que qualquer outra. No plano teórico, o que havia de mais "moderno" era o positivismo. E nossas universidades, pouquíssimas numericamente, eram superconservadoras. Essa geração "revolucionária", quando se dispersa, vê-se que nela havia um pouco de tudo: fascistas, nazistas, integralistas, democratas, católicos, ateus e até comunistas. É dessa geração Luis Carlos Prestes, o "Cavalheiro da Esperança", modelo de virtude para aristocratas e pequenos burgueses, que nos anos 1930 adere ao comunismo.

Até aí, tudo bem. Prestes parece ter entendido que a luta era de classes e não só contra o poder, sim pelo poder. Comete o maior erro de sua história ao romper com os revolucionários da Aliança Nacional Libertadora que conduziram Vargas ao poder. De haver permanecido, poderia ter influenciado. Ao posicionar-se contra, colocou-se como um adversário a disputar o poder dos revolucionários. Soma-se a isso o anticomunismo visceral da Igreja e das oligarquias tem-se a demonização do comunismo e tudo que se lhe assemelhe.

Não reconheceu o momento histórico de real rompimento e esfacelamento do estado oligarca e oportunidade de se construir uma aliança para construção de uma nova ordem. Ficou fora do processo e nunca mais conseguiu entrar. Esses fatos são importantes, porque deixam claro que o comunismo nunca foi uma ameaça real à institucionalidade brasileira. O objetivo da Velha e da Nova Roma sempre foi o de perpetuação do poder das elites dominantes e neutralização das classes populares.

"O PARTIDO DE DEUS"

A partir do golpe de 1° de abril de 1964, que derrubou o governo democrático de João Goulart e instalou uma ditadura militar que duraria mais de duas décadas, com os comunistas e trabalhistas perseguidos, presos ou asilados, isolados dos movimentos sociais, a Igreja de Roma vai encontrar terreno fértil e praticamente nenhuma concorrência para o trabalho de arregimentação e organização social, priorizando os bairros periféricos e os sindicatos. No meio sindical terá forte ajuda do AFL/CIO[12] na organização do "novo sindicalismo".

Nas periferias, organiza o povo por meio dos Movimentos Contra a Carestia, das Comissões Eclesiais de Base, Clubes de Mães, as Pastorais no meio rural e nas fábricas e outras denominações. Quando o regime militar afrouxa, ela está pronta para lançar o "Partido de Deus", batizado de Partido dos Trabalhadores, o PT. O sonho do Vaticano era instituir o maior partido da democracia cristã no maior país católico do mundo.

O que é o novo Sindicalismo de Resultado surgido no ABCD paulista (municípios da área metropolitana da capital do estado de São Paulo)?

Isso já estava escrito desde 1932, quando Alceu de Amoroso Lima, em seu *Política* (1.ª edição em 1932), definia a doutrina católica a orientar a ação social:

> O sindicalismo cristão defende programaticamente que os sindicatos se devem orientar segundo os princípios da colaboração (entre patrões e empregados), rejeitar a destruição da luta de classes; devem possuir bases espirituais, não visam a objetivos utilitários; e devem se abster nas querelas políticas na medida em que são órgãos de defesa dos interesses profissionais tão somente (MIR, 2007, p. 100).

Há que se lembrar que o trauma da laicidade do Estado proclamada pela República em 1890 leva a Igreja de Roma a reformular sua estratégia. A Ação Católica, lançada pela CNBB na década de 1950, herdeira legítima da Doutrina Social da Igreja contida na Rerum Novarum (1891), sobre a

---

[12] AFL – Federação Americana do Trabalho. CIO – Congresso de Organizações Sindicais, é a maior organização de trabalhadores de âmbito nacional. Já foi controlada por máfias, mais recentemente pela CIA e o Departamento de Estado.

situação dos trabalhadores, intimamente relacionada com o movimento fascista tanto na Europa como no Brasil. O que isso significa? O socialismo condenado desde suas origens, ou seja, o poder de Deus não admite liberdade de pensamento. Esse pensamento vai estar embutido em todas as encíclicas a orientar o trabalho social da Igreja.

A opção preferencial pelos pobres é adotada num momento em que se reconhece o excessivo elitismo da Igreja e a consequente necessidade de estender uma ponte para as massas populares. Ocorre que essa prática evoluiu para a Teologia da Libertação, em que o teólogo peruano Gustavo Gutierrez influenciou teólogos e sacerdotes por todo o Terceiro Mundo. Surgiram teólogos marxistas e curas revolucionários, um perigo real para a superestrutura do Vaticano. Como num movimento pendular, voltam para o conservadorismo. Era preciso acabar com isso. Acabam com a volta do reacionarismo e a perseguição aos infiéis. De novo servindo preferencialmente às elites, num mundo em que essas elites são cada vez mais concentradas, tão reacionárias como perigosas, são os senhores das guerras.

Volta o pêndulo para o outro lugar. É preciso voltar às periferias, é preciso recuperar o espaço que vem sendo ocupado pelo fundamentalismo pentecostal e neopentecostal. É preciso pôr um freio aos senhores das guerras. É preciso um novo papa. Aparece o papa Francisco com a velha cartilha do evangelho para servir os pobres.

O anticomunismo de Estado seria, então, fruto da religião do Estado? E agora que não há ameaça comunista e o Estado é laico, a que isso se deve? Dominação de classe, desde sua origem. A doutrina da Igreja é essencialmente capitalista, também é essencialmente fascista. Radicaliza com a vitória dos bolcheviques em 1917 e radicaliza ainda mais, a partir de 1945, com a vitória da Rússia Soviética sobre o nazifascismo.

Vale acrescentar que o direito acompanha a evolução da Igreja como instrumento de dominação de classe. Não é à toa que ambos têm sua origem e denominação a partir de Roma. O Direito Romano, assim como a Igreja Romana, estão aí, como um só corpo para garantir a propriedade privada e a hegemonia da classe dominante. Que me provem o contrário.

Igreja e fascismo

A Igreja de Roma é, sem dúvida, a mais antiga empresa transnacional do planeta. Embora já não tenha o mesmo poder político e econômico de que desfrutou em séculos passados, continua a exercer papel fundamental na manutenção do sistema imperial atual. Tem muito dinheiro e bens espalhados pelo mundo.

Na segunda metade do século XIX, o papa ainda reinava soberano em Roma numa Itália dividida, até que foi derrotado militarmente e incorporado ao reino da Itália em 1861. O papa se mantém em Roma sob a proteção do reino da França. Em 1870, a Itália ocupa Roma e o papa é confinado no Vaticano. Em 1929, o Tratado de Latrão reconhece a soberania do estado do Vaticano, *status* que prevalece ainda hoje, reestruturada e modernizada, claro, pela *Rand Corporation*.

Não é o caso aqui de contar a história pregressa da Igreja de Roma, mas para se entender o papel da igreja na estrutura do poder nos países de Nossa América é necessário lembrar alguns fatos.

Em 1858, foi estabelecido o Colégio Pio Latino-americano. Em 1899, o Conselho Latino-americano e em 1953, a Conferência Episcopal Latino-americana. Na década de 1930, surge o Partido Democrata Cristão.

A Igreja esteve ao lado de Espanha e Portugal contra os povos que na América Latina lutavam por sua independência. Sempre esteve ao lado das oligarquias dominantes, apoiando, inclusive, a escravatura e, mais recentemente, sempre ao lado das forças mais conservadoras e regressivas.

O Brasil estabeleceu relações diplomáticas com o estado do Vaticano, leia-se Igreja de Roma, em 1830, e mantém fortes vínculos até hoje, apesar de que desde a primeira Constituição Republicana todas reiteram a laicidade do Estado.

AS MENINAS DE FÁTIMA

A Igreja de Roma teve uma relação muito especial com a ditadura fascista de Francisco de Oliveira Salazar, que por mais de 40 anos submeteu ao terror e ao atraso a população portuguesa. Dom Manoel Gonçalves Cerejeira, patriarca de Lisboa, foi colega de seminário de Salazar. A associação Igreja-Estado resultou na dominação cívico-religiosa que manteve esmagado o povo português, principalmente os camponeses, tão marginalizados como os povos das colônias mantidas na África. Não por coincidência, esse país sempre esteve aliado ou apoiando abertamente as políticas emanadas por Washington.

Em Portugal, produz-se um dos pontos mais altos do farisaísmo da Igreja, com a propaganda em torno do aparecimento da Virgem Maria às crianças de Fátima, tendo como protagonista uma menina de uns dez anos — Lúcia de Jesus dos Santos (1905-2005) — que logo depois das aparições foi confinada no Convento das Carmelitas em Coimbra, onde faleceu aos 98 anos, condenada à Lei do Silêncio pelo Vaticano nos últimos 45 anos de sua vida. Qual seria o verdadeiro segredo que ela nunca revelou?

Waldir José Rampinelli, professor na Universidade Federal de Santa Catarina, em sua pesquisa constatou que o Vaticano teve que dar uma freada no cardeal Cerejeira pelo uso abusivo da inocente menina Lúcia, a vidente de Fátima. Também, o homem fez por merecer. Em carta atribuída à menina que era completamente analfabeta, ditada pela aparição da santa Mãe de Deus,

> Salazar é a pessoa por Ele (Deus) escolhida para continuar a governar a nossa Pátria, [...] a ele é que será concedida a luz e graça para conduzir nosso povo pelos caminhos da paz e da prosperidade [...] é preciso fazer compreender ao povo que as privações e sofrimentos dos últimos anos não foram efeito de falta alguma de Salazar, mas sim provas que Deus nos enviou pelos nossos pecados (RAMPINELLI, 2011, p. 64).

O uso político, em função dos interesses do capitalismo mundial das "aparições" de Fátima, fica evidente quando se lê mensagens como essas referidas a Salazar, que deve estar nos quintos dos infernos, se inferno existe, ou como estas:

> É chegado o momento em que Deus pede para o Santo Padre fazer, em união com todos os bispos do mundo, a consagração da Rússia ao meu Imaculado Coração, prometendo salvá-la por este meio [...] Não quiseram atender ao meu pedido. Como o rei de França, arrepender-se-ão, e fá-lo-ão, mas será tarde. A Rússia terá já espalhado os seus erros pelo mundo, provocando guerras, perseguições à Igreja: o Santo Padre terá muito que sofrer.[13]

Rampinelli (2008) explica a natureza desse pacto entre Salazar e a Igreja de Roma:

> Se à Igreja Católica Salazar oferecia a reposição de um estatuto perdido na I República (a Concordata), a restauração de um ambiente propício aos tradicionais valores cristãos e o fim do anticlericalismo do regime anterior, por sua vez essa mesma Igreja garantia ao presidente do Conselho de Ministros bases políticas, sociais e ideológicas para a fundação e manutenção do Estado Novo. Essa colaboração mútua, instrumentalizada de acordo com os interesses de cada um deles - Salazar necessitando do apoio político dos católicos e Cerejeira defendendo-se de um possível regresso ao anticlericalismo-, cria uma interdependência entre os dois poderes. Isso serviu durante quase 40 anos à propaganda do nacional-catolicismo, esmagando por um lado a oposição ao regime e por outro a luta contra os privilégios eclesiásticos (RAMPINELLI, 2011, p. 63).

As pessoas esquecem, ou evitam, relacionar o Estado Novo de Salazar com o Estado Novo de Getúlio. Alguns preferem identificar o getulismo com o fascismo italiano. Ledo engano. O pacto entre a Igreja de Roma e o Estado Novo de lá e daqui têm a mesma natureza: combater o comunismo, oferecer apoio mútuo.

---

[13] Mensagens recebidas pela irmã Lúcia nas aparições de Fátima, em: https://blog.cancaonova.com/livresdetodomal/russia-e-o-instrumento-castigo-ceu-para-todo-o-mundo-irma-lucia.

A OBRA DE DEUS

Na Espanha não foi diferente, a promiscuidade entre a Igreja de Roma e o fascismo espanhol, materializado no poder discricionário de Francisco Franco e no fundamentalismo de Josemaria Escrivá de Balaguer (1902-1975), o fundador da *Opus Dei*, agora São Josemaria. Foi canonizado, em 2002, por João Paulo II.

A *Opus Dei*[14], criada em 1928, é uma Prelazia, portanto, sua sede central é o Vaticano, que foi quem nomeou o atual Prelado, Javier Echeverría. Desde 1982, por obra e graça de João Paulo II, é uma Prelazia Pessoal, e ninguém consegue explicar o que é e porque é isso, "uma diocese sem território". Contudo, talvez seja a instituição mais poderosa da Igreja de Roma. Possui bancos, editoras, meios de comunicação e altos postos em governos. Dizem que em seus anos de atuação acumulou uma fortuna de 400 bilhões de dólares. Parte desse dinheiro ajudou o Vaticano a salvar o Banco Ambrosiano.

A instituição, que também se autodenomina A Obra, realiza trabalho de evangelização nos cinco continentes em mais de 80 países e contém cerca de 90 mil membros; quase todos leigos. Na América Latina, as maiores bases da Obra estão no México, Colômbia, Argentina e Brasil. Brasil nem tanto pelo número de adeptos, mas pela força política que possuem.

Os sacerdotes diocesanos se filiam à Sociedade Sacerdotal da Santa Cruz. Os mais fanáticos se autotorturam (com cilício e chicote). É um trabalho muito parecido com o dos fundamentalistas evangélicos. Prega que todas as pessoas podem ser santas e felizes desde que tenham uma vida virtuosa. Como? Santificando o trabalho, por exemplo, ou seja, trabalhar bem, com competência profissional e com sentido cristão, isto é, pelo amor a Deus e para servir aos homens. Dessa maneira, o trabalho diário resulta num encontro com Cristo.

Executam um trabalho paralelo e de reforço ao das dioceses. Como todos os que foram batizados devem seguir a Cristo, eles treinam os fiéis para a missão evangelizadora. O fiel assiste a um curso semanal, o Círculo, e faz retiro espiritual de um dia em todos os meses. Controlam várias universidades, sendo a mais conhecida a de Navarra, na Espanha.

---
[14] *Opus Dei*, do latim A obra de Deus.

A Obra de Deus está no Brasil desde 1950, quando chegou em São Paulo, e está atuante em praticamente todos os Estados. Entre os membros mais conhecidos, vale mencionar Geraldo Alckmin, por 12 anos governador do estado de São Paulo, e o jurista Ives Gandra Martins. No Peru, esteve envolvido com a fraude eleitoral que levou Fujimori ao poder. Na Espanha, Adolfo Suárez, o primeiro governante depois de Franco, além de Echevarría, que é também chanceler da Universidade de Navarra.

O teólogo Leonardo Boff define a *Opus Dei* como *"um tipo de fundamentalismo que trata de restaurar a antiga ordem fundamentada no matrimônio entre o poder político e o poder central"*.

Altamiro Borges, jornalista que mantém o blog *Barão de Itararé*, escreveu esclarecedor artigo sobre a atuação da "Obra". Diz em certa parte:

> De forma simulada, advogava as ideias racistas e defendia a violência. Na máxima 367 do livro Caminho, ele afirma que seus fiéis "são belos e inteligentes" e devem olhar aos demais como "inferiores e animais". Na máxima 643, ensina que a meta "é ocupar cargos e ser um movimento de domínio mundial". Na máxima 311, ele escancara: "A guerra tem uma finalidade sobrenatural... Mas temos, ao final, de amá-la, como o religioso deve amar suas disciplinas (BORGES, 2015, s/p).

Altamiro se esqueceu de mencionar a misoginia de Escrivá. Para ele, as mulheres são inferiores e desprezáveis: *"deveriam ser como um tapete em que a gente possa pisar [...] é um ser que não deve ser ilustrado (Máxima 946) [...] elas não precisam ser sábias: basta que sejam discretas [...]"*[15].

Altamiro prossegue:

> O Opus Dei exerce hoje forte influência sobre a mídia. Um relatório confidencial entregue ao Vaticano em 1979 pelo sucessor de Escrivá revelou que a influência da seita se estendia por "479 universidades e escolas secundárias, 604 revistas ou jornais, 52 estações de rádio ou televisões, 38 agências de publicidade e 12 produtores e distribuidoras de filmes" (BORGES, 2015, s/p).

Na América Latina, a seita controla o jornal *El Observador* (Uruguai) e tem peso nos jornais *El Mercúrio* (Chile), *La Nación* (Argentina) e *O Estado de S. Paulo*. Segundo várias denúncias, ela dirige a Sociedade

---

[15] ESCRIVÁ, José Maria – Camino - Capitulo 44, Máxima 946. Disponível em: https://escrivaobras.org.book/camino/.

Interamericana de Imprensa, braço da direita na mídia hemisférica. No Brasil, a Universidade de Navarra é comandada por Carlos Alberto di Franco, articulista do *Estadão*, responsável pela lavagem cerebral semanal de Geraldo Alckmin nas famosas "palestras do Morumbi".

ORDEM DE MALTA

Quase tão poderosa como a *Opus Dei* é a Ordem Militar Soberana de Malta16, a qual funciona como um reino subordinado ao Vaticano. Presente em 120 países, possui 12 mil membros e 80 mil voluntários. É governada por um príncipe e gran mestre e o conselho soberano composto por quatro hierarquias: o grande comendador, o grande chanceler, o hospedeiro e o recebedor comum do tesouro. O papa nomeia um cardeal patrono que tem como assistente o prelado da ordem.

Sem ser um estado, com sede em um prédio em Roma, tem constituição, tribunal de primeira instância e de apelação, emite moeda, selos, passaportes, tem seu hino e embaixadores e mantém relações diplomáticas com mais de 100 países. Claro que tem seus bancos. Essa é uma outra história que daria outro livro. São quase mil anos de acumulação de recursos e... sabedoria, ou seja, saber fazer as coisas, mandar, governar, enriquecer...

O papa alemão, Bento XVI, foi buscar um banqueiro seu conterrâneo, Ernst von Freyberg (von significa nobreza), um cavaleiro de Malta, para salvar o Banco do Vaticano.

O Instituto para as Obras da Religião (IOR), nome sob o qual se esconde o Banco do Vaticano para eludir a legislação italiana, esteve em mal lençóis envolvido no escândalo do desfalque de 1.2 milhões de dólares do banco Ambrosiano. Em 1969, o IOR era presidido pelo cardeal estadunidense Paul Marcinkus. O banco Ambrosiano pertencia a R. Calvi, da loja maçônica P-2, e parte do dinheiro desviado foi para derrubar o governo da Polônia e ajudar na campanha do partido nascido do movimento sindical solidariedade. Outros envolvidos, Michelle Sindoma, L Gelli foram condenados no início dos anos 1980. Ficou provado o envolvimento da máfia siciliana e da Cosa Nostra novaiorquina nos negócios. Importa dizer que a maioria dos indiciados eram cavaleiros de Malta.

Toda nobreza destronada da Europa integra a lista de cavaleiros da Ordem, mas também governantes como Adolf Hitler, Benito Mussolini, Francisco Franco, Oliveira Salazar, Pinochet Ugarte eram cavaleiros. Eles chegaram ao continente americano com os primeiros conquistadores. Os herdeiros da Casa Imperial do Brasil, Don Luiz de Orleans e Bragança e seu

---

[16] Sovrano Militare Ordine Ospedaliero di San Giovanni di Gerusalemme di Rodi e di Malta Ordem Soberana e Militar Hospitalária de São João de Jerusalém, de Rodes e de Malta.

irmão, príncipe Dom Bertrand, são filiados à Ordem e, juntamente com Plinio Correia de Oliveira, são fundadores da Tradição Família e Propriedade (TFP), de larga tradição de luta contra o comunismo. Com sede em São Paulo, a TFP patrocinava terrorismo contra universidades, partidos e meios de comunicação que não afinavam com seu pensamento conservador.

Nos Estados Unidos, a principal ligação da Ordem com o poder é o Conselho de Relações Exteriores (CRF), criado por David Rockefeller como instrumento de governança mundial que integra a nata da aristocracia e dos executivos do poder estadunidense, bem como das principais fundações. Figuram também na Ordem os Kennedy, Avraham ben Elazar, mais conhecido como Henry Kissinger, vários diretores da CIA, como Willian Casey, George Bush, John Mc Cone... a lista é interminável.

Comunhão e libertação

Surgiu em Milão, em 1954, atua com esse nome desde 1969. Proclama-se um movimento eclesial cujo objetivo é a educação cristã dos seus membros no sentido da colaboração com a missão da Igreja em todos os âmbitos da sociedade. Está presente em mais de 90 países; no Brasil tem suas escolas de comunidade em 40 cidades e edita a revista *Passos*.

A IGREJA DE WASHINGTON

A Nova Roma, com sede em Washington, tem por razões históricas maior afinidade com os cultos pentecostais. Por uma razão muito simples: eles inventaram esses cultos como arma de guerra cultural na construção da hegemonia. É o que se verá nas páginas seguintes. Isso não tira importância da Igreja de Roma, claro, posto que por ter raízes profundas na cultura da classe dominante é fundamental para manter o controle. São nas periferias, ou seja, no seio do povão, que a Nova Roma semeia adeptos.

Ana Maria Ezcurra, que há vários anos pesquisa as manipulações ideológicas executadas pelos Estados Unidos contra os processos de libertação, particularmente vividos na América Latina, em seu livro *O Vaticano e o Governo Reagan* (1984), reuniu farto material sobre o papel da Igreja e sua aliança com a nova direita estadunidense. Ela demonstra cabalmente como o espaço religioso representa um espaço de vanguarda na luta ideológica contra as revoluções populares ou qualquer governo que não coadune com os interesses hegemônicos na Nova Roma.

A pesquisadora que reside no México constatou que

> [...] as igrejas estadunidenses situam-se no centro do debate sobre política externa. Seus setores neoconservadores e da nova direita influenciam na concretização de acordos ou dissensos específicos, através da imprensa, de encontros e seminários, da organização de "hearings" e de ações de pressão no Congresso etc. Sua atividade, contudo, estende-se mais além do espaço doméstico: representam também atores internacionais e operam diretamente no exterior, com seus próprios canais como, por exemplo, através de missionários, do apoio a algumas seitas, a "cruzadas evangélicas", do apoio aos contrarrevolucionários nicaraguense, constantemente contra um conjunto de atores e posições bem definidas: os setores progressistas das igrejas -como o Conselho Nacional de Igrejas- e o episcopado norte-americano; o "isolacionismo" vs o internacionalismo, identificado com o direito dos EUA à intervenção externa e o "pacifismo nuclear" (EZCURRA, 1984, s/p).

É impressionante a força desses grupos cristãos conservadores que atuam em todas as esferas da sociedade, conta com intelectuais de prestígio com grande presença na mídia, contam com agências especializadas, inclusive de captação de recursos, poderosos *lobbies* no Congresso e acesso direto à Casa Branca. O principal instrumento de atuação é o Instituto sobre Religião e Democracia (IRD).

Com sede em Washington, foi fundado em 1981 por uma aliança neopentecostal: *United Methodist Church, Presbiterian Church* e a *Anglican Communion*. Foi criada pelos neoconservadores para travar a guerra de ideias. Dedica-se à luta ideológica no campo cristão, notadamente em instituições da Igreja de Roma. Tem como missão trabalhar para difundir os ensinamentos bíblicos e históricos da igreja, para reformar e reforçar seu papel no âmbito público para proteger a liberdade religiosa e renovar a democracia no país e no exterior.

Para levar a cabo esses objetivos e garantir expansão no âmbito das massas, bem como ampliar oportunidade de influenciar e dirigir a atividade política de importante setores do movimento evangélico, Ezcurra diz que foram fundadas três grandes entidades: Maioria Moral, A Voz Cristã e a Mesa-redonda Religiosa. Essas três grandes entidades estão ligadas a um amplo e diversificado espectro de organismos que delimitam seu mais sólido aparelho de ação no exterior. A autora relaciona várias entidades, entre as quais: Igreja do Verbo, *Gospel Outreach Church* dos EUA, *Campus Cruzade for Christ de Bill Bright*, a *Billy Graham Evangelistic Association, Transworld Mission*, ou Visão Mundial, financiada pela Usaid, as várias Assembleias de Deus.

Com grande atuação política, a Maioria Moral

> [...] busca mobilizar membros de várias igrejas, não somente cristãs, mas também judias, a partir de temas restritos, sociais e morais, para ações políticas e, especificamente eleitorais. [...] Os adeptos da Maioria Moral são cerca de 30 por cento católicos romanos, uns 20 por cento são evangélicos fundamentalistas e os demais sãos mórmons, judeus e outros (EZCURRA, 1984, p. 39-40).

Com relação a *Christian Center,* evidencia Ezcurra que

> [...] é um projeto financiado pela Transworld Mission e foi ajudado pela Campus Crusade for Christ e pelos representantes das Assembleias de Deus entre outras denominações. [...] Financiam programas como Student Moviment Alliance on Latin America e instauram células clandestinas, com filiação secreta, em países supostamente marxistas e perseguidores de religiões (EZCURRA, 1984, s/p).

O *Campus Crusade for Christ* foi criado em 1951 e na década de 1980 já estava em 131 países com 16 mil quadros inscritos,

> [...] realiza gigantescas campanhas de conversão chamadas Here's life. Realiza atividades conjuntas com Mesa Redonda Religiosa, Igreja eletrônica e Maioria Moral. (') Uma base substantiva da nova direita religiosa nos EUA é a chamada "igreja eletrônica". Ela produz programas de televisão com enorme audiência, possuindo também uma grande infraestrutura, fundos abundantes [...] a aceitação do Espírito Santo seria o único caminho de salvação e felicidade e nada teria a ver com a transformação do mundo e da história. [...] Os evangelistas da TV não somente criaram uma simples, mas eficiente, mensagem televisiva: dominam os meios para distribuí-las. Produzem seus próprios shows em seus próprios estúdios, com suas próprias facilidades de produção, inclusive com transmissão por satélite (EZCURRA, 1984, s/p).

Liberdade de mentira

Estranha liberdade essa quando se constata que toda atividade se concentra em combater o que quer que seja de progressista nas igrejas, incluindo o Conselho Mundial de Igrejas, concílios episcopais e padres progressistas. Consideram que as elites estadunidenses silenciaram sobre o marxismo, islamismo ou qualquer repressão às religiões e aos Direitos Humanos em favor do diálogo e acomodação. Na edição de setembro de 1982 da revista oficial *Religião e Democracia*, lê-se:

> Nos anos 1960, um número de intelectuais cristãos cativados por um sonho improvável: que os cristãos e os comunistas poderiam vencer uma história de conflitos muito profunda para trabalhar juntos uma nova e genuína forma de socialismo. Na Europa se pensou que tal "compromisso histórico" poderia conduzir ao Eurocomunismo - um socialismo com cara humana. Na América Latina as mesmas ideias ganharam e se enraizaram ainda mais forte nas igrejas; assim se elaborou o que se deu por chamar de "teologia da libertação". Em 1979 chegou o momento para prova prática da teologia da libertação: a revolução sandinista na Nicarágua.

Essa moderna direita estadunidense com suas instituições religiosas e suas mais diversas ramificações obtiveram êxitos concretos em sua política de desestabilização dos processos democráticos na América Central e consolidação dos regimes, geralmente ditatoriais, favoráveis à convivência submissa aos interesses dos Estados Unidos. Os casos mais notórios são de Nicarágua e El Salvador em que a atuação das instituições religiosas foi decisiva na derrota das revoluções populares.

Se notabilizaram pela disseminação de informação visando desacreditar os líderes democráticos nacionalistas e os revolucionários com um discurso fundado, sobretudo, na questão dos Direitos Humanos, fazendo os protagonistas dos processos de desenvolvimento e de libertação nacional parecerem como ditadores, assassinos, carrascos, genocidas, agentes comunistas, repressores das religiões etc.

CONGRESSO CONTINENTAL ANTICOMUNISTA

O Plano Marshall ou Programa de Recuperação Europeia foi lançado ao mesmo tempo em que tinha início à Guerra Fria — na realidade, uma guerra no campo da cultura, que podemos chamar de Guerra Cultural ou Guerra Psicossocial. A União Soviética transformada em demônio. Não obstante, a URSS não era o perigo real, arrasada que fora durante a guerra que lhe custou 20 milhões de mortos. O perigo estava na periferia, na ascensão do Terceiro Mundo, o auge das lutas de libertação nacional contra o colonialismo na Ásia e na África. No mundo no pós-guerra não havia espaço para manutenção de colônias. O sonho do socialismo estava no germe dessas lutas de libertação. A Doutrina Truman visava, sobretudo, impedir que o socialismo ocupasse o espaço nas antigas colônias.

A Guerra Fria se inicia em clima de intensa ofensiva propagandista, tratada aqui como Guerra Cultural, movida pelos EUA para reverter as expectativas na Europa, ou seja, contrabalançar a má impressão que os europeus tinham dos estadunidenses. Substituir a figura do *cowboy* mal-educado pela de homens cultos, ou, senão, bem-preparados. Ao mesmo tempo, conquistar e assegurar a hegemonia econômica. Para tanto, empregaram todos os meios possíveis e imagináveis, em todos os campos da atividade humana.

Foram utilizados todos os organismos nos quais pudessem ter um delegado e foram criadas instituições com capacidade de financiar, formar quadros, infiltrar e atuar nos Estados para alcançar o objetivo. Utilizaram intelectuais, jornalistas, políticos, sindicalistas, estudantes e, inclusive, padres e pastores das diferentes nomenclaturas religiosas.

A Organização dos Estados Americanos (OEA), por exemplo, foi criada nesse contexto. Mais que tudo, tratava-se de um corolário à Doutrina Monroe no contexto da Guerra Fria, e nesse sentido atuava como uma extensão do Departamento de Estado, o ministério das relações exteriores estadunidense. Contudo, não era fácil, no âmbito governamental multilateral, convencer a todos os delegados.

Então, especializaram-se em criar forças auxiliares que podiam exercer pressão para convencer setores de governo a adotar posição favorável ao Império. Tanto na Europa como na América Latina, foram criadas várias organizações de combate direta ou indiretamente ao comunismo, nos mais variados segmentos sociais. As instituições religiosas mencionadas anteriormente são exemplos clássicos.

O Congresso Continental Anticomunista foi derivado dessa estratégia. O primeiro foi realizado no México em maio de 1954, o segundo em agosto de 1955 no Rio de Janeiro, o terceiro em abril de 1957 em Lima, quarto em outubro de 1958 em Antígua, Guatemala, o quinto foi programado para São Salvador. Cada um desses eventos contou com a presença de delegados de, pelo menos, vinte países. Uma presença bem eclética, com altos funcionários de governo, oficiais das forças armadas, parlamentares, autoridades eclesiásticas, intelectuais, acadêmicos, sindicalistas etc. Claro que em todos eles uma nutrida delegação estadunidense. O que eles decidiam nessas reuniões se tornava posição de Estado em muitos países e até nos organismos internacionais, como se verá.

Manifesto da paranoia

Tenho em meu acervo a ata completa do 4° Congresso. Um imenso calhamaço do qual vale a pena extrair os temas tratados nas comissões e alguns fatos curiosos. A Guatemala era presidida pelo general Miguel Ydigoras Fuentes, que viabilizou a realização do congresso. Na presidência de honra do Congresso estava o arcebispo Mariano Rossel e a viúva do presidente Carlos Castillo Armas, colocado no governo pelos EUA.

> 1ª comissão: A União Soviética dirige o movimento comunista internacional: a) comunismo internacional em teoria; b) A URSS e sua política de imperialismo e revolução mundial

> 2ª comissão: Medidas de penetração e dominação do comunismo nos países livres do mundo: 1) Infiltração comunista no campo educativo na América Latina (exemplo de cada país); 2) A multiplicação dos grupos da frente comunista, uma tática nova para substituir o Cominform; 3) O desarmamento mundial.

> 3ª Comissão: O estado atual do movimento expansionista marxista: 1) A subjugação de nações etnicamente diferentes da Rússia, como Ucrânia, Georgia, Bielorrusia etc.; 2) Exploração do trabalhador; 3) A deportação em massa de povos subjugados; 4) A supressão impiedosa dos movimentos libertadores nos países subjugados; 5) Um hermetismo absoluto durante

quarenta anos; 6) A expansão ideológica Soviética mediante a velha tática de infiltração e absorção; 7) A guerra fria no campo econômico.

4a Comissão: A intervenção soviética na América Latina, conforme a tática aprovada no Primeiro Congresso Comunista realizado no continente em 1929 em Buenos Aires (IV CCA, 1958, s/p).

Caça às bruxas

5a. Comissão: Medidas defensivas da Democracia contra o avanço do comunismo: 1) Organização de frentes anticomunistas em todos os países americanos; 2) Controle das atividades comunistas e publicidade dos fatos comprovados; 3) Limpeza e exclusão de extremistas vermelhos nas esferas oficiais; 4) Propugnar que nas atividades sociais e econômicas se excluam os elementos de tendência comunista; 5) Ruptura de relações comerciais e diplomáticas com a URSS e seus satélites; 6) Informar à ONU e aos governos e instituições dos demais países livres sobre qualquer atividade comunista na América Latina; 7) Filiação e cooperação da Confederação Interamericano de Defesa do Continente à Liga Mundial Anticomunista, acidrando delegados ao primeiro congresso mundial. 6ª. Comissão: Medidas para fortalecer as instituições democráticas nos países latino-americanos: 1) Propugnar para que a Declaração dos Direitos do Homem adotada pelas Nações Unidas e a das Liberdades Humanas da Carta do Atlântico, sejam realidades vivas em todos os povos de América; 2) Estimular as organizações camponesas operarias, estudantis, culturais e políticas que lutam pela liberdade e democracia na vida de todos os povos de América Latina; 3) Incrementar a propaganda democrática, demonstrando a falácia das doutrinas e práticas comunistas que devem ser combatidas com medidas que tornem efetivas a justiça social, defesa das liberdades e dignidade de todos os seres humanos. 7ª. Comissão: Proposição de medidas para elevar o nível de vida dos povos e sua cultura: 1) Aumento da produção agrícola, pecuária e industrial; 2) Criação de uma editora cooperativa que se encarregue de publicar jornais, revistas, folhetos e livros de toda classe, que colaborem a combater a demagogia marxista leninista, a fortalecer as instituições livres e democráticas de América e a promover o desenvolvimento econômico dos povos. 8ª. Comissão: Propostas diversas com vistas a eliminar os efeitos do comunismo (Nesta o Brasil teve papel importante) (IV CCA, 1958, s/p).

Proposta pelo almirante Carlos Pena Boto[17], o Congresso aprovou recomendar que as nações latino-americanas adotem e executem, para combater eficazmente, as seguintes três diretivas básicas:

> I. Desmontagem da máquina subversiva organizada e operada pelos partidos comunistas, tenham estes existência legal ou não, e no caso de partidos legais, impedir quaisquer atividades subversivas e subterrâneas;

> II. Declarar ilegais e fora da lei os partidos comunistas nos países onde a existência dos mesmos sejam ainda toleradas pelas leis vigentes.

> III. Executar, urgente e energicamente, as soluções contra o movimento comunista internacional que foram aprovadas por todos os países latino-americanos na IV Reunião de Consulta de Chanceleres Americanos de Washington, 1951, e na X Conferência Interamericano (Caracas, 1954) (IV CCA, 1958, p. 206).

Causou frenesi nos delegados a acusação de que o governo de Hernán Siles Suazo, na Bolívia, estava entregue totalmente ao comunismo internacional. "[...] *que durante o governo de Paz Estensoro o regime foi comunista e agora, com Siles Suazo continuava comunista* [...] *que o que havia na Bolívia era uma disputa entre caudilhos vermelhos".*

Nas plenárias era comum homenagear ao grande líder anticomunista coronel Carlos Castillo Armas. Condenam governo títere da China Popular e saúdam a resistência anticomunista dos democratas de Taiwan comandadas pelo generalíssimo Chiang Kai Shek. Argentina apresentou a questão das Malvinas, não deram bola.

Um dos delegados estadunidenses, o agente John E. Kieffer, revelou que *"tem combatido o comunismo em todas as formas possíveis durante os últimos trinta anos"* (IV CCA, 1958, s/p). e que por esse motivo os comunistas o sentenciaram à morte.

---

[17] Almirante Carlos Penna Botto (1893-1973), um dos mais notórios anticomunistas, participou do golpe contra Getúlio Vargas em 1945 e de todas as conspirações da direita submissa aos interesses dos EUA. Criou e dirigiu a Cruzada Nacional contra o Comunismo

O delegado do Brasil, almirante Pena Boto, informou que em seu país a luta contra o comunismo não está em mãos do governo e sim da Cruzada Brasileira Anticomunista. Ele recomendou que os países protestassem contra a ofensiva da URSS. Outro delegado brasileiro, Rômulo de Avelar, propôs a instalação de uma rede de serviços para prestação de assistência à maternidade e à infância. Onde seria que ele pensava que estava?

Foi aprovada proposta pela delegação paraguaia, recomendando aos governos das repúblicas de América Latina a conveniência de exigir de todos os funcionários públicos uma declaração jurada de que não são comunistas e a formulação de leis para punir a falsidade de tais declarações.

Na formação da mesa diretora da Confederação Interamericana de Defesa do Continente, o almirante Pena Boto foi eleito presidente, e como secretario o cubano Ernesto de la Fe. Os delegados de Peru e Venezuela se revelaram ofendidíssimos pelas manifestações populares contra Richard Nixon que como vice-presidente fez uma turnê pela América Latina.

O delegado Haviv Shiber informou que a delegação judia vem visitar os centros judeus de todo o mundo para benefício de Israel e dos judeus do mundo inteiro. *"Não haverá mais antissemitismo; nós nos encarregaremos de denunciar os judeus que, ao longo do mundo, colaborem com os comunistas, inclusive o regime comunista branco de Israel"* (IV CCA, 1958, s/p). O cara foi aplaudidíssimo.

Chama atenção a semelhança de linguagem entre essa direita fundamentalista do século passado com o discurso dessa nova direita que grassou nos Estados Unidos e no Brasil. A única novidade foi a introdução do terraplanismo. O antipetismo se acrescenta ao anticomunismo como antes se acrescentava o trabalhismo de Vargas.

A CRUZADA ANTICOMUNISTA

A guerra civil de 1948 na Costa Rica, ou revolução liberal de Pepe Figueres[18], segundo as autoridades estadunidenses, tornara o país alvo para os comunistas. Por toda a década de 1950, há uma grande efervescência cultural em todo o mundo. No Brasil, Vargas regressa ao poder pelo voto popular com um programa desenvolvimentista com forte característica nacionalista. Na Guatemala, a Revolução de Jacobo Árbenz[19], em 1954, havia levado pânico aos serviços de inteligência estadunidense. Em 1956, Fidel Castro inicia a guerrilha de libertação em Cuba.

Desde 1920, com Woodrow Wilson (1856-1924) na Presidência (1913 a 1921), foi incorporada à Doutrina Monroe a Cruzada Anticomunista, aliada à campanha de promoção de sua cultura (leia-se *way of life*). A direita estadunidense achava que a União Soviética, como num dominó, conquistaria um a um os países americanos. A reação foi rápida. Invadiram a Guatemala e instalaram um governo dócil, mas era preciso evitar outros Árbenz.

Em outubro de 1958, por iniciativa dos Estados Unidos, realizam o IV Congresso Continental em Antígua, precisamente na Guatemala. Com as resoluções adotadas, cheias de alertas sobre o perigo comunista, realizam em seguida, em dezembro 1958, em San José da Costa Rica, o Congresso Latino-americano Anticomunista. Foi patrocinado pelo governo da Guatemala e um Movimento Internacional de Dirigentes Cristãos e o comando geral da Confederação Interamericana de Defesa do Continente. Em 1959, Costa Rica faz seu próprio Congresso Anticomunista, comprometendo-se a uma cruzada salvadora da humanidade.

É da Guatemala também que a Igreja de Roma vai iniciar a ofensiva propagandística anticomunista, articulando com as igrejas católicas de toda a América Latina, organizações eclesiásticas e partidos europeus e estadunidense. O marxismo e o comunismo são identificados como as forças diabólicas das que falam os profetas do Antigo Testamento. De um lado as forças do bem, do outro a do mal.

---

[18] José Figueres Ferrer (1906-1990) líder da revolução de 1948 na Costa Rica. Ocupou a presidência do país de 1953 a 1958, fundou e governou a Segunda República, de 1948 a 1949, e reeleito de 1970 a 1974.

[19] Jacobo Árbenz Guzmán (1913-1971), ministro de defesa do governo progressista de Juan José Arévalo entre 1945 e 1951, assumiu a presidência em 1951 e foi deposto por mercenários sob o comando da CIA em 1954.

É na Guatemala também que, sob o comando do monsenhor Mariano Rosel, é realizada a Peregrinação Nacional do Senhor de Esquipulas, que mobiliza multidões pelas ruas. Em seguida, funda o Partido Democrata Cristão (anticomunista). Em fevereiro de 1959, realiza-se o I Congresso Eucarístico Centro-americano. Num país pequeno e de forte sentimento religioso, ampliou o clima favorável ao proselitismo macarthista.

No âmbito do Sistema Interamericano — OEA, JID, TIAR, BID —, as reuniões parecem terem sido pautadas por essas reuniões de nível não governamental, pois seguem à risca as cartilhas adotadas. Na IX Reunião de Consulta, em Washington, presidida pelo Brasil, aprovam isolar Cuba e decretam sanções com bloqueio marítimo, suspensão do comercio e condenam o apoio de Cuba aos revolucionários da Venezuela — a guerrilha de Douglas Bravo. Na X Reunião de Consulta, aprovam a intervenção na Dominicana. Desembarcam 1100 soldados e oficiais sob o comando do almirante Panasco Alvin da Marinha brasileira.

Em janeiro de 1974, realizam o 2° Congresso da Confederação Anticomunista Latino-americana e em 1975, em abril, realizam no Rio de Janeiro o VIII Congresso da Liga Mundial Anticomunista e o VI Congresso da Liga Mundial da Juventude Antimarxista.

Ainda nas duas primeiras décadas do século XX, no México e na Argentina, a Igreja de Roma se opõe à organização dos camponeses para assegurar a paz ao latifúndio oligárquico. O que orientava o pensamento dessas oligarquias por toda a Nossa América?

Quanto mais terra possuir, mais chance de obter créditos para comprar mais terras. Na Argentina e no Uruguai, simplesmente exterminaram a população nativa para expandir suas propriedades. No Brasil, esse processo de extensão da fronteira agrícola por meio do extermínio de indígenas e caboclos continua sendo regra. E claro, com as bênçãos da Igreja e a proteção das espadas dos exércitos. Guardas pretorianas no lugar de exércitos nacionais.

Em 1962, a conferência dos bispos divulga a pastoral dedicada aos Problemas Sociais e o Perigo Comunista na Guatemala. Afirma que

> [...] a consciência cristã de nenhuma maneira pode admitir, como solução justa, a implantação de um sistema social, em que, teórica e praticamente, se negue ou se torna impossível o direito de propriedade, tanto dos bens de consumo como dos meios de produção, sobretudo se isso procede da decantada revolução proposta pelo comunismo internacionai.

Há que considerar que as conferências episcopais eram coordenadas regionalmente. As doutrinas e resoluções se espalhavam rapidamente por todo o continente.

Veja bem, no ano anterior, EUA já havia utilizado a Guatemala na fracassada invasão a Cuba, que por sua vez já havia proclamado o caráter socialista da revolução. Kennedy jura que liquidará Cuba e nesse clima consegue expulsar Cuba do Sistema Interamericano, com o voto de quase todos os países membros.

Também em 1961, a realização em Belo Horizonte do Primeiro Congresso de Trabalhadores Agrícolas mostrou uma vitalidade nunca antes vista do movimento camponês organizado, no Nordeste com as Ligas Camponesas e no Sudeste com os sindicatos rurais. Nessa década de 1960, o Brasil explode em criatividade.

Ainda com relação a Cuba, após o triunfo da revolução em 1959, os Estados Unidos tentaram utilizar a Igreja de Roma para desestabilizar o regime e fomentar a contrarrevolução. No início até que deu certo. Templos foram usados para guardar armas e artefatos para atos terroristas. No entanto, a alta hierarquia fracassou no intento de aliciar as massas. O entusiasmo revolucionário era realmente irresistível na ilha caribenha. As massas se somaram às milícias para combater os terroristas e invasores e a contrarrevolução não teve chance e não demorou muito para o governo resolver os conflitos com a igreja, com a qual passou a conviver pacificamente.

Contudo, não contando com os católicos, Estados Unidos logo passou a se utilizar das seitas religiosas originadas e dirigidas de território estadunidense. Três seitas se destacaram nessa ofensiva: as Testemunhas de Jeová, Evangélicos de Gideon e os Pentecostais. A revolução se defendeu tanto no campo ideológico como na luta contra os mercenários.

INSTITUTO LINGUÍSTICO DE VERÃO

Um povo que tenha perdido sua língua tem grandes dificuldades para definir seu ser e seu projeto histórico.
(Declaração de Barbados)

Deus contra Satã, Estados Unidos contra o Comunismo. Eis a teologia da Nova Roma.

No trabalho encoberto de campo realizado pelos Estados Unidos para expandir sua hegemonia, além dos congressos anticomunistas, infiltração nos organismos de estado e nas organizações sociais, destaca-se o amplo trabalho na área sindical.

Realizado por entidades não religiosas, mas que contavam com apoio tanto dos padres da Igreja de Roma como dos pastores evangélicos, todos empenhados em combater a infiltração comunista e o sindicalismo organizado por Vargas. Tudo valia na luta contra o inimigo número um da humanidade.

A ofensiva no meio sindical tem início com a Guerra Fria e as organizações sindicais estadunidenses vão atuar como extensão dos organismos de Estado na aplicação da política internacional. É o caso da *American Federation Labor – Congress Industrial Organization* (AFL-CIO), a maior central de trabalhadores dos EUA, e o Instituto Americano de Desenvolvimento do Sindicalismo Livre (Iadesil).

Com dinheiro do Tesouro, ajuda das embaixadas e da CIA, atuaram em toda a América Latina, com maior ênfase na Argentina, Uruguai, Chile e Brasil. A partir de 1960, com o lançamento por Kennedy da Aliança para o Progresso, o Iadesil passou a ser o braço sindical do organismo.

No Brasil se associaram aos católicos no Nordeste, que estava incendiado com o trabalho das Ligas Camponesas, e no Sul, na reorganização do movimento sindical durante e depois da ditadura de 1964-1985, com as pastorais operárias e pastorais camponesas.

Contavam para esse trabalho com a colaboração de entidades como o Instituto de Pesquisa Econômico e Social (Ipes) e o Instituto Brasileiro de Ação Democrática (Ibad) e o engajamento das empresas transnacionais e empresários brasileiros. Essas entidades, assim como as vinculadas aos

EUA, tiveram papel decisivo na articulação do golpe que derrubou o governo trabalhista de João Goulart. Detalhes dessa articulação no livro de René Armand Dreifuss (1985).

Para conhecer melhor esse episódio de penetração ianque por meio do movimento sindical, está bem detalhado no livro *Disseram que voltei Americanizada - Relações Sindicais Brasil-Estados Unidos Na Ditadura Militar*, de Larissa Rocha Corrêa (2017). Nele, a autora aponta que

> A tarefa nada ambiciosa de educar o sindicalismo brasileiro, direcionando a nação para o caminho da "liberdade" e da "democracia". Além da formação de líderes a entidade (Iadesil) participava de uma série de atividades como parte dos chamados "projetos de impacto", que envolviam programas assistenciais, como a construção de conjuntos habitacionais de baixo custo, a formação de cooperativas de crédito, assistência técnicas na área de agricultura, o fornecimento de medicamentos, a viabilização de serviços comunitários, o financiamento de encontros educacionais periódicos nacionais e internacionais, além da publicação de livros e panfletos fardamento distribuídos por bibliotecas sindicais (CORRÊA, 2017, p. 68).

No campo da expansão-dominação por meio dos cultos evangélicos, destacam-se duas grandes e ativas organizações: o *BT – Wycliffe Bible Translators* com o seu *Summer Institute of Linguistics* (SIL), hoje *SIL International*[20] ou Instituto Linguístico de Verão (ILV), e a Universidade de Oklahoma. O argumento é muito bom, pois integram competentes linguistas e realizaram um levantamento de muitas centenas de idiomas nativos em várias partes do mundo, notadamente na América Latina. Eles aprendem os idiomas nativos e realizam alfabetização bilingue para introduzir a leitura e difusão dos textos bíblicos.

Foi criado em 1930, pela Igreja Batista do Sul, de Orange Country, na California, pelos pastores Willian Camaeron Townssed e Richard Legster. Eles são fundamentalistas criacionistas. A doutrina se funda no reconhecimento da infalibilidade da *Bíblia*, da palavra de Deus, tal como foi escrita, e tem como finalidade levar a humanidade a acreditar no poder da palavra bíblica.

Destaca-se também o caráter não eclesiástico dos missionários, diferente das demais missões evangelizadoras, são leigos, técnicos em diversas

---

[20] O SIL International tem sede no México onde foi fundado nos anos 1930 e se apresenta nos seguintes endereços: www.sil.org; www.mexico.sil.org e www.silbrazil.org.

áreas como Geologia, Mineralogia, entre outras, ou seja, mais parecem agentes disfarçados do que missionários. Não obstante, autointitulados Exército de Deus, iam juntos com os Boinas Verdes (*rangers* ou soldados de elite) nas incursões militares ianques.

A missão é combater Satanás e impor a palavra de Deus. Com a *Bíblia*, combatem Satanás e os Estados Unidos com seu poder combate o comunismo, o que é a mesma coisa. É o que recitam todos os fundamentalistas com origem nos Estados Unidos. No Brasil, estão em ofensiva com mais de uma centena de igrejas evangélicas.

As crenças indígenas são identificadas como manifestações de Satanás. Assim também os cultos africanos sincretizados por todas as Américas, os candomblés, umbanda, santeria e o espiritismo de origem europeia ou sincretizado. Em todos os programas de rádio e televisão, os pregadores exorcizam as manifestações de Satã.

Em julho de 1977, reuniram-se em Barbados representantes de comunidades indígenas da América Latina e pesquisadores especializados na temática dos povos originários. A intenção era fazer um balanço sobre a situação das populações indígenas, estimada em uns 30 milhões, traçar políticas de atuação e criar uma entidade que aglutinasse todas as lideranças organizadas.

A Declaração de Barbados II[21] enfatiza o domínio colonial que ainda perdura sobre as populações originárias e denuncia a atuação criminosa das chamadas missões religiosas, grupos de pesquisa científica, cientistas sociais e antropólogos. Também foi aprovado um documento de denúncia específica do ILV como a serviço da dominação.

Cadernos do Terceiro Mundo[22] publicou um resumo do estudo apresentado em Barbados. Destaca-se o conteúdo da pregação dos missionários. Eles devem crer

> [...] na doutrina da trindade, a queda do homem, sua consequente depravação moral, a necessidade de sua regeneração, e a expiação das faltas através da morte substitutiva de Cristo. A doutrina da fortificação e cura pela fé. A ressureição do corpo, tanto dos justos como dos injustos. A queda eterna dos malvados e o castigo eterno aos perdidos. A autoridade

---

[21] Em 1971, reuniram-se em Barbados 8 antropólogos latino-americanos e produziram a Declaração de Barbados I, em que reconhecem os direitos dos indígenas. Não indígenas falando de indígenas provocou a reunião de representantes indígenas de 1977 e a Declaração de Barbados II, assinada por 18 indígenas e 17 antropólogos.

[22] *Cadernos do Terceiro Mundo*, n. 50, Dezembro, 1982. Instituto Linguístico de Verão – Missionários ou Colonizadores, p. 31.

divina e a autoridade conseguinte de todas as escrituras canônicas (CTM, 1982, p. 31).

Para os crentes nessas seitas não existe a exploração do homem pelo homem. As desigualdades são naturais, pretendidas por Deus. É impossível opor-se a elas, menos ainda ir-se contra os ricos, posto que são todos irmãos criados por Deus. Por outro lado, a propriedade privada é uma coisa sagrada, intocável, imposta por Deus. A situação de miséria se deve a que somos todos filhos de Caim, pecadores; há que aceitar e trabalhar individualmente com ajuda de Deus e da *Bíblia* para superar.

> Em Barbados, os delegados expressaram que *"um povo que tenha perdido sua língua tem grandes dificuldades para definir seu ser e seu projeto histórico"*. Conclui assinalando *"que se trata de uma estratégia que aponta à desintegração irreversível dos povos culturas indo-americanas, que desrespeitando a dignidade e os direitos humanos mais elementares coadjuva o plano de recolonização acelerada do continente"* (CTM, 1982, p. 32).

O WBT nasceu em 1930, no contexto da política expansionista dos Estados Unidos, agregando à conquista territorial o salvacionismo religioso no cumprimento do destino manifesto. Seus fundadores, William Cameron Townsend e Richard Lester, da Igreja Batista do Sul. Townsend iniciou seu trabalho de catequização na América Central, basicamente na Guatemala, com a *Misión Centroamericana,* sem dúvida a origem do ILV.

No entanto, desde o início os anos 1900, havia missionários em missão de catequização espalhados pela América do Sul e principalmente na América Central, coadjuvando o projeto de expansão. Em 1934, eles passaram a formar os catequizadores e para institucionalizar a atuação deles criaram o Instituto Linguístico de Verão, reconhecido como pessoa jurídica no estado da Califórnia. Nessa altura já atuavam no México e recrutavam missionários nas universidades.

Com o argumento de mobilizar e destacar cientistas para catalogar os idiomas nativos, faziam acordos de cooperação com os governos. Em seguida, mandavam os missionários que tinham como objetivo ensinar a *Bíblia* no idioma nativo. Entretanto, a realidade era outra. O que faziam era ensinar inglês, destruir as crenças e os modos de produção, ou seja, destruir a cultura desses povos originários, introduzindo mitos estranhos e modos de produção predatórios. Nas equipes, além dos "linguistas", sempre havia a presença de técnicos em mineralogia, botânicos, médicos etc. Sob a aura da ajuda humanitária, esterilizavam as mulheres (pretexto de controle da natalidade) e alienavam os homens.

O grupo boliviano *Ukamau*, dirigido pelo cineasta Jorge Sanjinés, chocou o mundo com seu documentário *Yawar Mallku – O Sangue do Condor de 1969*[23]. Mostra a ação do ILV numa comunidade aimará do altiplano boliviano, denunciando a ação de esterilização de mulheres. O governo revolucionário de Juan José Torres, de 1970-1971, expulsou os missionários do ILV. Porém, depois eles voltaram. Com o general Hugo Banzer no poder atuaram com toda liberdade.

Folheto do ILV distribuído na Bolívia diz: *"Obedece a autoridade porque Deus lhe outorgou todo o poder de mando. Não há governo neste mundo ao qual Deus tenha impedido subir ao poder"*. Em outras palavras: *toda pessoa se subordina à forca maior, porque não há poder que não provenha de Deus (Romanos XIII, 1)"* (CEDIS y FEDOC, 1981, p. 296).

Quando o governo de Torres começou a exigir a saída do ILV, os missionários pregavam que *"se os agentes de Torres vierem, tem que matá-los porque são espírito do diabo. Se são muitos, tem que passar para a selva do Brasil, lá te receberemos"* (CEDIS y FEDOC, 1981, p. 296).

O livro *Los Nuevos Conquistadires – El Instituto Lingüístico de Verano en América Latina*, publicado em Quito em 1981, é resultado de uma extensa pesquisa realizada por um grupo de professores alemães (Ginette Cano, Karl Neufeldt, Heinz Schulze, Waltraud Schulz-Vogel, Norbert Georg, M. Jose Van de Loo, Kaethe Meentzen) que se preocuparam com buscar a verdade sobre a atuação do ILV, depois de ouvir uma coletiva de imprensa em que um grupo de indígenas denunciava o genocídio cultural praticado pelos missionários, com intensão de chamar a atenção do público europeu. Eles recolheram muitos quilos de documentos que foram sistematizados e publicados no livro.

Depois de ouvir centenas de depoimentos e citações, formularam a pergunta que orientou a organização do livro: *"com que direito ou em virtude de que doutrina legitimadora são 'demonizadas' comunidades e culturas inteiras?"* (CEDIS y FEDOC, 1981, p. 18).

Tudo quanto paralelamente se expõem a pretensão de ser "diferente". Os bons e os maus parecem estar desde um princípio pré-fixados. Na forma mais concreta em que uma formulação do ILV/WBT pode ser

---
[23] Disponível para assistir em https://ww.adorocinema.com/fuknes/fukne-1507/.

concebida, tem Satanás seu campo de aparição, não somente impressa em uma *"Comunidade desconhecida ainda por Deus e Cristo", mas em um lugar político e historicamente definido [...]"* (CEDIS y FEDOC, 1981, p. 18).

Para os missionários do ILV, Satanás não é um conceito abstrato, mas, sim, uma encarnação social muito real *"cujas forma externa mais clara é o comunismo [...]".* Qualquer oposição contra o ILV/WBT, mesmo sendo ela de caráter exclusivamente político e não espiritual, é caracterizada como obra de Satanás.

Outro aspecto que chamou a atenção dos pesquisadores alemães foi a excessiva utilização do jargão militar nas atividades ditas missionárias e linguísticas e nos informes utilizados pelo ILV. Eles se consideram

> [...] soldados cristãos que devem entrar em guerra para arrebatar os indígenas de mãos católicas e trazê-los para sua seara". Mais adiante cita: "Dessa maneira encontra eco o chamado a novos trabalhadores para o exército de Deus que devem evangelizar o mundo. O voluntário que solicitou seu ingresso no exército não necessita esperar a visita do oficial de propaganda... Analogamente a essa ordem humana, funciona o serviço militar espiritual: as pessoas podem se apresentar voluntariamente para esta guerra missionaria em razão da convocação geral que qualquer um pode ler em Mateus, 28, 19 (CEDIS y FEDOC, 1981, p. 77).

Na Bolívia, atuavam sob diferentes denominações e tinham concorrência de mais de quarenta organizações missionárias, todas de origem e com os quadros preparados nos Estados Unidos. Entre as mais expressivas, pela quantidade de membros, estão a União Batista Boliviana, Assembleia Brethren, Igreja Metodista, União Cristã Evangélica e Adventistas do Sétimo Dia. Essas são as mais antigas, instaladas desde o início do século XX. Depois delas vieram: Seminário de União Bíblica, Assembleia Anual do Oregon, Igreja Quadrangular Evangelista, Igreja Internacional, Missão Mundo Unido, Missão Mundial de Ligas de Oradores, Igreja do Nazareno, Igreja de Deus, Batistas Brasileiros, Assembleia de Deus, Missão Boliviana da Santidade, Maronitas Alemães, Pentecostais Brasileiros, Pentecostais Chilenos e Pentecostais Noruegueses. É bom parar, senão isto vira uma lista telefônica.

Para ajudar os missionários, a CIA trouxe agentes tailandeses que participaram da guerra contra o Vietnam e sul-africanos. A guerra do Chaco, promovida pelas petroleiras, que enfrentou Bolívia e Paraguai entre 1932 e 1936, causou certo caos na população do Sudeste boliviano, além da perda de território e prejuízo financeiro. Com o fim da guerra, para apaziguar os ânimos, chegaram os missionários do ILV. Em seguida, chegaram os grileiros com seus bois, mudando completamente a paisagem.

No Equador, em 1941, a disputa entre petroleiras provocou uma guerra com o vizinho Peru. De um lado, a holandesa Shell, com dez milhões de hectares no Equador sendo parte da propriedade em território em litígio com o Peru. Obedecendo a interesses da IPC/Standard Oil, o Peru invadiu o Equador que perdeu grande parte de seu território oriental.

O contrato entre o ILV, a Universidade de Oklahoma e o Ministério da Agricultura equatoriano, firmado em 1954, rezava que a missão do Instituto era fazer estudo preciso de cada idioma, comparativo entre os vários idiomas, alfabetização bilíngue (língua nativa/espanhol). Para isso, tinham a liberdade para importar aviões, hidroaviões, barcos, rádios transmissores e receptores e utilizar gasolina do estado etc., e o Ministério ainda pagava o salário dos agentes nacionais.

Mais tarde, foi o presidente Jaime Roldós[24] (1940-1981) que aceitou as denúncias sobre as atividades ilegais dos "missionários" e em 1981 decretou a nulidade dos contratos firmados entre o governo e o ILV desde 1952 e expulsou os missionários sob acusação de espionagem e violação da soberania, já que estavam a serviço da CIA prospectando petróleo na selva amazônica sem autorização. Dois dias depois, Roldós morreu num desastre aéreo até hoje não esclarecido.

O ILV abrira o caminho para as petroleiras e para a especulação com as terras. Como os indígenas reagiam, o jeito era massacrar os índios. Os ianques tinham treze bases e contavam com várias pistas de pouso. Dois meses depois de ter assinado o decreto, morreu Roldós em um duvidoso e coincidente acidente de aviação. Com isso, o ILV teve tempo para transferir seus bens e pessoal para outras instituições.

Roldós também denunciou a ação das missões salesianas, da Igreja de Roma, que se estabeleceram em imensos latifúndios no oriente equatoriano, onde, inclusive, mantinham trabalho escravo. Sob o pretexto de que estavam educando e catequizando os habitantes nativos, índios e caboclos, faziam-nos trabalhar. Atuavam na América Latina inteira, com maior destaque, presença e resultado na Bolívia, Peru, Equador e Colômbia.

---
[24] Jaime Roldós Aguilera fundou o partido Pueblo Cambio y Democracia e governou o Equador de 1979 a 1981. Foi assassinado pela CIA, fazendo explodir o avião que o transportava por ter nacionalizado o petróleo.

No Peru, chegaram em 1945 em convênio com a Universidade de San Marcos, para estudos indigenistas, antropologia e linguística. Junto com eles chegou também a *Standard Oil*. No início dos anos 1970, o ILV estava presente em mais de cinquenta agrupamentos indígenas exercendo um controle quase que absoluto nas regiões da selva Amazônica, inclusive na fronteira com o Brasil. Professores da Universidade San Marcos de Lima denunciaram o ILV pedindo sua expulsão.

Uma comissão interministerial investigou o caso entre 1975 e 1976 e chegou à conclusão de que o ILV destrói a cultura indígena, impulsiona a adaptação de costumes estranhos e persegue, especialmente, a formação de caráter individualista; apoia a violação das fronteiras; continuam com pesquisas geológicas em áreas não permitidas pelo governo; utiliza material didático em inglês e conclui que representa um perigo para a segurança nacional, sua soberania e integração. Atuavam em conjunto com *Ofasa* e *Caritas*[25], instituições da Igreja de Roma que recebiam dinheiro da Usaid e, inclusive, do *Opus Dei*.

Apesar das inúmeras e bem fundamentadas denúncias de setores acadêmicos e governamentais sobre as atividades do ILV na selva peruana, nem mesmo o governo revolucionário de Velasco Alvarado conseguiu correlação de forças favorável à sua expulsão.

O Congresso Americanista de 1970, em Lima, foi pioneiro em sistematizar denúncia de que os missionários do ILV atuavam como agentes dos Estados Unidos, com geógrafos e geólogos fazendo prospecção de minerais e agentes da CIA para subverter a população.

Somente em 1976, com o general Fernandez Maldonado como primeiro-ministro, o governo anunciou que não renovaria os convênios com o instituto, mas, de novo, impôs-se a direita militar e civil e nada aconteceu. A então ministra do Instituto Cultural manifestou: "[...] *o Instituto conseguiu conquistar os indígenas ganha suas almas, dominando sua resistência e mediante a integração a um processo técnico de civilização* [...]" (CEDIS y FEDOC, 1981, p. 215).

No Panamá, a Frente de Trabalhadores da Cultura, depois de intensa pesquisa, publicou um informe detalhando o trabalho dos missionários linguistas:

---

[25] Ofasa – Obra Filantrópica de Assistência Social Adventista. Caritas Internacional agrupa 162 organizações humanitárias sob controle da Igreja de Roma.

> O ILV se propõe ao estudo pormenorizado de nossa gente: seu meio social e natural seus recursos, seus locais estratégicos, sua psicologia. Se trata de obter a maior informação sobre a vida em uma referida zona e, o que é mais perigoso ainda, ganhar a simpatia dos indígenas através de um plano de presentes e dádivas, inclusive de medicamentos distribuídos de forma paternalista, em nome do 'norte-americano bom". Desta forma, com o domínio das línguas nativas provaram seu apoio com o qual poderiam, em um dado momento ser bem recebidos mesmo chegando, como chegaram no Vietnam, com toda maquinaria de destruição e morte. É isso o que motiva a denúncia do FTC. Porque sabemos que dentro da estratégia estadunidense é uma constante, jogar com o problema nacional das minorias para colocá-las no momento oportuno a serviço de suas agressões" (CEDIS y FEDOC, 1981, p. 131).

No México, o ILV chegou em 1934 e na década de 1970, a *Bíblia* já estava traduzida a pelo menos uma dúzia de idiomas nativos. Trabalhavam com 150 grupos linguísticos abarcando um universo de 700 mil indígenas e tinham planos de chegar à sistematização de todos os idiomas nativos do México até 1990. México é paradigmático para o ILV, país em que sobrevivem dez famílias linguísticas e cerca de 100 idiomas.

Com ajuda de aviões e equipamentos de comunicação chegam a territórios de difícil acesso. Formam os evangelizadores e levam para Estados Unidos para aperfeiçoamento. Alguns voltam e fundam novas religiões. Coincidentemente, o ILV concentrou atenção ao estratégico estado de Oaxaca, onde foram detectadas imensas reservas de petróleo.

Em 1979, grupo de estudo da Universidade Autônoma Metropolitana publicou um documento em que denuncia:

> O ILV tem uma infra-estrutura semelhante a de um organismo de espionagem e inclusive é possível que sirva de cobertura a organismos de tipo militar ou de penetração estratégica de Estados Unidos [...]. O ILV pode introduzir no território nacional todo tipo de aviões em quantidade ilimitada com o só argumento de que servem para transporte de seu pessoal. O ILV é muito perigoso para a integridade do país (CEDIS y FEDOC, 1981, p. 141).

Paralelamente, no Senado, foi pedido ao governo a expulsão do ILV. O Executivo reagiu com um decreto regulamentando todas as ações do instituto e determinando que *"Suas funções se reduzirão as de caráter estritamente linguístico* [...]. *Um rigoroso plano de trabalho está em marcha para vigiar as ações do ILV* (CEDIS y FEDOC, 1981, p. 141). Em outubro, cedendo às pressões da sociedade o governo rompeu o contrato.

Ainda em 1979, o Parlamento Latino-americano condenou *"as atividades de proselitismo e as práticas de neocolonialismo cultural e político do Instituto Linguístico de Verão na América Latina"* (CEDIS y FEDOC, 1981, p. 144) e exigiu que se investigue todos os organismos que disfarçado com outro nome realize atividades tendentes à deformação cultural dos povos da região.

Na Colômbia, o ILV chegou em 1959 e em 1962 já trabalhava contratado pelo governo do presidente Alberto Lleras Camargo (1906-1990)[26]. Em 1975, o Ministério de Relações Exteriores admitiu que dar permissão a esse instituto foi um passo em falso e um grande erro de governos anteriores.

Houve um escândalo quando denunciaram que eles tiveram o descaramento de instituir um verdadeiro enclave colonial, com todo o *way of life* estadunidense em região estratégica próxima da tríplice fronteira (Colômbia, Peru e Brasil). A Colônia Lomalinda, segundo informe de 1970, recolhido pelos pesquisadores alemães, tinha 550 prestadores de serviço, entre eles 61 "linguistas", dos quais só 53 tinham formação científica.

Construída com a ajuda da força de trabalho nativa, o enclave contava com um centro de saúde bem equipado, uma escola de língua inglesa com capacidade para 120 alunos, um serviço postal, um centro de compras, uma gráfica totalmente equipada, laboratórios de idioma, linguistas, arquitetos, gráficos, pilotos, professores, médicos, enfim, tudo o que caracteriza uma cidade estadunidense. É natural que se disseminassem rumores sobre as atividades dos "novos colonizadores": tráfico de drogas, contrabando de peças arqueológicas, prospecção de urânio etc.

Em 1974, uma comissão integrada por autoridades civis e militares, organizada pelo chefe do serviço de segurança do estado, general José Joaquin Matallana, emitiu um relatório que concluiu com o pedido de anulação do convênio entre o Estado e o ILV. Diz parte do informe:

> Em seus doze anos de atividade no país, o ILV conseguiu praticamente o controle e a autoridade sobre as comunidades indígenas com as que trabalha.... e opera dentro da maioria dos grupos indígenas colombianos. Como estes ocupam cerca de duas terceiras partes do território nacional, o fato reveste uma importância estratégica e política para a localização geográfica

---

[26] Presidente da Colômbia de 1945 a 1946 e de 1958 a 1962.

> das áreas. Os membros do ILV aproveitam esta situação para localizar e obter recursos naturais. [...] as intervenções médicas de esterilização de mulheres Auca e outras medidas de controle da natalidade indígena. [...] Sobre os voos que o ILV realiza não há qualquer controle. Boa parte dessa atividade aérea se dedica ao tráfico ilegal de peles, peixes ornamentais, animais, mercadorias e comercio de estupefacientes, particularmente grandes quantidades de maconha e cocaína. Com relação ao trabalho linguístico a comissão chegou a conclusão de que destrói sistematicamente os valores culturais. Não é exagerado afirmar que constitui um verdadeiro suicídio cultural para Colômbia aceitar a presença de missionários estrangeiros entre os indígenas (CEDIS y FEDOC, 1981, p. 148)

A essas graves denúncias se juntaram outras ao longo dos anos, de institutos universitários, entidades profissionais, além de muitas assembleias de indígenas exigindo o cesse das atividades do ILV. *"Porém, o governo colombiano não quer ter dificuldades com os poderosos grupos estadunidenses que amparam o ILV"* (CEDIS y FEDOC, 1981, p. 168).

ILV no Brasil

No Brasil, tal como no Peru, o ILV entrou em associação com grupos de estudos antropológicos e linguísticos promovidos por entes oficiais, aproveitando a infraestrutura e os contatos do Serviço de Proteção ao Índio, criado para proteger a população nativa.

Iniciou os trabalhos em 1946, governo do general Eurico Gaspar Dutra, com 84 "linguistas" equipados com computadores IBM, rádios transmissores e aviões. Logo, tinham centros de coordenação em Belém, Manaus, Porto Velho e Cuiabá e uma central em Brasília. Durante a ditadura dos governos militares, trabalhou sob contrato com os índios nos territórios ao redor da transamazônica. Em 1977, o governo anunciou que não renovaria o contrato em virtude das denúncias de que faziam prospecção mineral e tinham contato com a CIA. Não obstante, em 1978, o governo militar condecorou o chefe Townssed com a Gran Cruz Cruzeiro do Sul, a mais alta condecoração do Estado brasileiro.

Paralelamente, cientistas brasileiros do Museu Nacional se queixavam de que os responsáveis pelas missões não passavam os resultados de seus estudos para os brasileiros. Nessa ocasião, Peter Kongston, colaborador do ILV, confirmou que a organização fazia análise de solo em território indígena desde 1971.

O proselitismo para os indígenas brasileiros é também o mesmo: aceitar resignadamente a civilização, integrar-se na sociedade nacional, ser humilde por temor a Deus, amor à propriedade privada. Entre 1900 e 1957, a expansão da fronteira agrícola no Brasil reduziu as tribos indígenas de 230 para 143 com grande mortalidade em cada uma das sobreviventes.

Os pesquisadores alemães constataram que um colaborador do ILV, em processo de formação de maestros bilíngues para os índios Caingangue, no Brasil, ensinava aos maestros nativos:

> Podem escolher entre seu próprio modo de vida ou a vida do civilizado. Cada escolha tem um preço e uma recompensa. Pela conservação do próprio modo de vida, o preço é a falta de progresso, fome e morte; a recompensa é uma vida sem dor de mudança. Para o civilizado, o preço é o trabalho e a conservação do conquistado. Sua recompensa é que vocês terão mais [...] (CEDIS y FEDOC, 1981, p. 133)

Algumas vezes, o ILV constitui o único contato entre as comunidades indígenas e a "civilização". Os missionários recrutam os jovens e os submetem a "treinamento", o que não passa de verdadeira lavagem cerebral. Aproveitam que esses jovens são portadores do conhecimento das crenças e lendas que formam a cultura de seu povo. Então, ensinam espanhol, ou inglês, ou português, e as lendas bíblicas e os devolvem à taba. Desintegrados, esses jovens contribuirão para desintegrar a família e, por conseguinte, toda a tribo.

Em 1972, o governo militar, advindo do golpe de 1964, ordenou que a Fundação Nacional do Índio (Funai) adotasse o método de educação do ILV. Entrou no Brasil em parceria com o Museu Nacional, ligado à Universidade Federal. O primeiro convênio com o governo foi firmado em 1969, depois de 12 anos de estar atuando nas áreas indígenas sem nenhum controle.

ILV na Ásia e África

É coincidentemente depois do triunfo da Revolução Chinesa de 1949 que o ILV vai enfatizar seu trabalho missionário na Ásia e na África. Está envolvido nos golpes de estado que levaram governos anticomunistas nas Filipinas, Nova Guiné, Vietnam, Camboja. Durante a guerra contra o Vietnam, acusaram o ILV de ter utilizado o idioma dos Guahibo (da fronteira Brasil/Peru) como código de comunicação e o idioma dos Uro-Uru da Bolívia.

No Vietnam, o ILV chegou em 1957, depois da derrota da França colonialista com a queda de Dien Bien Phu em maio de 1954 e o "exército" religioso cresceu quase que na mesma proporção que a intervenção dos militares ianques, fazendo parte da guerra psicológica para a dominação no Sul.

Com a derrota da França, os Estados Unidos invadem o Sul do país e inicia uma guerra que terminaria com vergonhosa derrota da maior potência bélica do planeta em 1975.

O senador republicado Mark Harfield pelo Oregon tentou aprovar no Congresso estadunidense lei proibindo a CIA de trabalhar com os missionários. Apresentou uma carta de Willian Colby, chefe geral na época, confirmando que a agência se utiliza de missionários e que continuará a fazer no futuro. O senador exigia que se proibisse os contatos entre a CIA e os membros dos programas de cooperação para o desenvolvimento, como o Corpo de Paz, os bolsistas da fundação Fulbright e os missionários.

Nos anos 1960, depois que a OEA aprovou o programa da Aliança para o Progresso, o ILV passou a receber abertamente fundos da Usaid. Em 1961, o ILV já estava presente em todo o mundo com 1.192 missionários; em 1972, já eram 2.901 missionários com um orçamento de 22 milhões de dólares; em 1978, já eram 3.700 os missionários trabalhando com cerca de 700 idiomas. Seus missionários se identificam como Soldados de Cristo. Recebem treinamento equivalente ao de um soldado. Alguns se alistam como soldados e depois passam por especialização e são enviados como missionários. Outros vão para as "missões" para escapar do serviço militar, mas, de qualquer forma, fazem treinamento especializado nas universidades antes de embarcar.

Os Soldados de Cristo estão preparados para combater a Satanás ou os servos de Satanás, selvagens e comunistas. A revista *Translation*, órgão oficial do ILV, prega que *"Deus envia suas tropas militares, porém emprega também outros métodos"* de salvação, suponho. Se instalam como uma verdadeira força de ocupação.

> [...] a base do ILV no país onde existem melhores condições de trabalho e onde o trabalho de tradução no seja interrompido por espectadores ou por problemas do cotidiano da aldeia. A base do ILV tem um papel chave. Aqui há laboratórios de idioma, escolas para os filhos dos missionários, casas modernas de estilo norte-americano, jardins bem cuidados, ma\áquinas automáticas de Coca Cola. É possível aqui ter um estilo de vida comodo correspondente ao da classe média norteamericana

e totalmente protegido da sociedade do Terceiro Mundo que a circunda (CEDIS y FEDOC, 1981, p. 63-64)

Em 1947, o ex-capitão da força aérea estadunidense Larry Montgomery fundou o *Jungle Aviation and Radio Service* (Jaars) — Serviço de Aviação e Radio da Selva — para atender à crescente demanda de transporte e comunicação dos missionários. Também o ex-comandante dos fuzileiros navais durante a guerra contra a Coréia, Jack Mc Kiuguin e o oficial do exército Wryne Snell compunham a empresa de aviação de Townsend. Em 1950, com esse disfarce já estavam atuando no México, Honduras, Guatemala, Equador, Peru, Colômbia, Bolívia, Suriname e Canadá, além de países da África e da Ásia. Townsend em 1978 foi condecorado com a ordem do Cruzeiro do Sul pela ditadura militar brasileira.

Em 1972, o ILV trabalhava com 252 grupos linguísticos na América Latina que representava 47,4% do total dos grupos. Em 1976, já eram 3 mil as missões no mundo. Realizam práticas conservadoras contra os estados nacionais. Em 1978, tinham 3.700 colaboradores e manejavam 700 idiomas. Nessa época, operavam na América Latina com 53 aviões, 12 helicópteros e 45 emissoras de rádio em onda curta.[27]

São necessários muitos recursos para manter a infraestrutura e pessoal qualificado mundo afora. Parte desses recursos também fluem sob disfarce para que ninguém possa acusar o Estado de estar financiando essas atividades ilícitas de ingerência nos assuntos internos de outros países. Entre os mais conhecidos é o *World Church Service*, Oficina Central Evangélica de Ajuda para o Desenvolvimento e organizações similares. Recebem também recursos do governo estadunidense geralmente aprovado pelo Congresso e, claro, dinheiro a fundo perdido da CIA, além de polpudas doações individuais voluntárias de milionários reacionários.

Em 1972, o ILV trabalhava com 252 grupos linguísticos na América Latina que representava 47,4% do total dos grupos. Em 1976, já eram 3 mil nas missões no mundo realizando práticas que normalmente são exclusivas dos Estados nacionais.

O ILV tem sua sede na capital do México, desde 1936, de onde continua coordenando atividades de pesquisa científica, sistematizando idiomas nativos e traduzindo e ensinando a *Bíblia*, com ênfase no Velho Testamento.

---

[27] Para saber mais sobre essa penetração ianque disfarçada, ver Los Nuevos Conquistadores (CEDIS y FEDOC, 1981, p. 296).

RELIGIÕES NEOPENTECOSTAIS

A maioria das igrejas fundamentalistas que atuam em todo o mundo nos dias de hoje tiveram sua origem nos Estados Unidos e se orientam conforme conceitos e interesses institucionais estadunidense.

Carlos Russo Jr, jornalista e colaborador da revista virtual *Diálogos do Sul*[28], publicou nessa revista eletrônica extenso artigo fundado em intensa pesquisa, sobre a origem das genericamente chamadas Religiões Neopentecostais, que se desenvolveram nos Estados Unidos a partir da última década do século XIX e empolgam, no século XXI, parcelas crescentes da humanidade em quase todos os continentes. A seguir um recorte das principais informações contidas no texto.

Os neopentecostais constituem hoje mais de 19 mil denominações e congregam mais de 300 milhões de seguidores. Possuem mídia televisiva e forte presença em todos os outros canais próprios de divulgação de massa. Influenciam a vida política das nações, compondo bancadas parlamentares cada vez mais influentes. Por vezes, seu alvo é o poder central. Estima-se que as seitas, no geral, movimentam mais de 30 bilhões de dólares anuais, boa parte com isenção de impostos e à margem de controles formais.

Traços comuns entre as diversas seitas: doutrina da prosperidade e da confissão positiva. A pobreza e a doença derivam de maldições e fracassos, da vida em pecado ou da falta de fé religiosa. Um verdadeiro cristão deve ter a marca da plena fé, ser bem-sucedido financeiramente, possuir saúde física, emocional e espiritual. Renascimento de conceitos medievais, tais como o confronto direto entre o homem e os demônios, as ditas maldições hereditárias, a posse dos crentes pelas forças do mal. Não raramente, os pastores ou médiuns operam curas milagrosas para doenças psíquicas ou físicas, por meio do exorcismo, expulsando o demônio do corpo.

> O contraponto dessas filosofias que negam a realidade e a evolução, que mistifica o conceito do divino, é o seu mais cru materialismo assentado numa estreitíssima aliança do espiritual com o dinheiro e os créditos bancários.
>
> Na origem de todas esta a 'Ciência de Cristo", seita fundada em 1886 por Mary Baker-Eddy, que hoje mantém quase 1.900

---

[28] RUSSO, Carlos. Neopentecostais: origem, ascensão e tendência totalizante. *Diálogos do Sul*, 6 set. 2014.

igrejas, em 76 países. A "bíblia" desse movimento, escrita pela fundadora, "Ciência e Saúde com a Chave das Escrituras", best seller por décadas. A grande basílica da seita, de 1906, com a qual a o bispo Edir Macedo com seu templo de Salomão quer concorrer, tem capacidade para abrigar 20 mil crentes.

A "bíblia" da Mother Mary inspirou milhares de outras seitas. Homens como E.W. Kenyor, da "Teologia da Prosperidade" ou K. Hagin, fundador da primeira "Assembleia de Deus em 1937. Inspirado nesses antecessores, o "bispo" Edir Macedo fundou a Igreja Universal do Reino de Deus em 1977.

Mary Baker nasceu de família pobre em 1821 e na adolescência tem seus primeiros "ataques de nervos" que utilizará o resto da vida para enganar as pessoas. Casa-se aos 22 anos com Glover que morre dois anos depois, ela volta a casa de seus país que a manterão até que completa 50 anos.

Paralelamente, em Portland, chega Quimby, discípulo de Messmer, que traz consigo a técnica do hipnotismo, grande novidade para cura dos males do espírito. Ele cria o método de Cura pela Mente. Mary Baker decide procurá-lo para se curar. Volta energizada e com as anotações de Quimby. Coloca anúncio no jornal buscando aquele "que deseje aprender a curar enfermos". Aparece o jovem Kennedy que depois de treinado consolidará a união entre Cristo e o dólar. Falta-lhe o poder!

Começa a formar seus "médicos" em cursos de seis semanas de duração. Ela a princípio cobra cem dólares, depois trezentos pelo curso e por contrato dez por cento dos ganhos futuros.

Mary Baker se autopromove "enviada de Deus para guiar seu rebanho na terra". Já muito rica ela sabe que sua religião embrionária não pode permitir cismas. Acusa seus concorrentes de bruxaria. Mary Baker e sua metafísica entram para o reino do absurdo e nesse movimento lança as pedras fundamentais de todas as futuras seitas neopentecostais dos séculos XX e XXI.

Em Boston uma nova e luxuosa residência. Sua nova escola é nomeada Universidade Metafísica de Massachusetts, com autorização de funcionamento comprada das autoridades. Todo domingo sobe ao púlpito de sua universidade igreja e com sua ardente oratória tira o fôlego dos crentes. Desde outros estados chegam enfermos muitos dos quais se tornarão apóstolos da nova doutrina. Dezenas de milhões de dólares arrecadados serão empregados na construção de novos templos.

Mary Baker define uma organização piramidal de poder e de lucros. Cria um "Board of Directors", do qual será a presidente, e todas as centenas de igrejas implantadas terão de manter obediência irrestrita à "Santa Madre Igreja". Instruções específicas garantem percentagens de repartição dos lucros, métodos de contabilização dos resultados e impedem qualquer tipo de heresia doutrinária. Alguém tem dúvida a respeito do mestre que realmente inspirou um Edir Macedo?

Assim como o juiz de Lynn, desnudara-lhe a hipocrisia e a paranoia pecuniária, agora surgiria a voz do jornalista, humorista e intelectual, Mark Twain, desmascarando-a: Como Mary Baker dizia que o livro "Ciência e Saúde" lhe havia sido ditado por Deus, por que cobrava direitos autorais sobre algo que só à divindade seria devido? As respostas de Mary Baker-Eddy, a quaisquer questionamentos, sempre foram de um total cinismo, quando não de cólera. Por exemplo, diz que "Deus ordenara-lhe a cobrança para cada graça requerida, pois o cordeiro, para obter a graça, teria que sacrificar-se antes, pagando". Hoje não ouvimos essa mesma frase reverberar nos templos Neopentecostais?

A muitas vezes multimilionária Mary Baker-Eddy morre no auge de sua fama, dona de imenso poder não somente sobre sua religião mas, também, sobre grande parcela dos Congressistas americanos, aos oitenta e nove anos de idade, no ano de 1910 (RUSSO, 2014, s/p).

Nigéria

Nigéria é o mais populoso e desenvolvido país da África, com quase 200 milhões de habitantes e umas 500 etnias, sendo a haussa e fulani (no Norte muçulmano) a ioruba e ibo (no Sul cristão) as dominantes. Foi colônia inglesa até 1960 e está entre os dez maiores produtores de petróleo do mundo. Em 2012, o *Pew Research Center* estimou que 48% eram muçulmanos, 50% cristãos e 2% religiões nativas.

É tal a força gospel na Nigéria que eles já definem o país como uma República Pentecostal. Isso considerando que o islamismo lá é muito forte, levou a Nova Roma a investir pesado nas religiões.

Entre os cristãos, as denominações pentecostais somam umas 500. A *Faith Tabernacle* também conhecida como Igreja Internacional dos Vencedores, no estado de Ogun, do bispo David Oyedego que aparece na revista *Forbes* como um dos pastores mais ricos do planeta, com fortuna avaliada em US$ 150 milhões. O culto, fundado no evangelho da prosperidade, está disseminado em mais de 300 cidades nigerianas, em vários países da África, em Dubai, Reino Unido e Estados Unidos. Lidera o movimento cristão *Holy Order of the Cherubim and Seraphim Movement*.

Oyedego ressalta que em 1981 recebeu mandato de Deus para libertar o mundo da opressão e em seguida criou a igreja com a denominação Ministério de Libertação da Hora da Fé. Por mandato de Deus, segue construindo mega templos para mais de 50 mil fiéis.

Igreja da Fé Viva, igreja do avivamento

> [...] planeja a expansão e quer construir uma nova igreja na Nigéria com um altar giratório e 100 mil lugares sentados.
>
> Daniel Obinim tinha 40 anos quando criou um império com a Igreja Internacional Caminho de Deus. Numa entrevista recente, ele disse que Jesus deu-lhe 20 residências e 16 carros de luxo. Obinim construiu três das maiores igrejas do Gana. O pregador foi preso por agredir um jornalista e dois jovens que foram pegos a namorar na frente da uma das igrejas.[29]

Em seguida, entre os mais ricos da Nigéria, aparece Chris Oyakhilome, da *Christ Embassy* (Embaixada de Cristo), com fortuna avaliada em US$ 50 milhões. É um tele pregador que atravessou as fronteiras da Nigéria e hoje está na África do Sul, Estados Unidos, Canadá e Reino Unido. Pratica a cura divina, pela unção do Espírito Santo e segue a teologia da prosperidade. Seu irmão, Ken Oyakhilome, também pastor, é o chefe da igreja do Texas, EUA.

---

[29] Disponível em: https://en.ikipedia.org/uju/David_Oyedepo.

Coreia do Sul

Os missionários chegaram à península coreana no início de século XX. As tradições milenares que não foram dizimadas pelo colonialismo católico ou protestante persistem, mas são demonizadas principalmente pelos pentecostais. Contra as crenças nativas, usam as técnicas de curas milagrosas, realizam mega concentrações em seus cultos. Lá convivem presbiterianos, metodistas e batistas. Os católicos são em torno de 10%. Os muçulmanos estão em torno de 150 mil.

A Igreja do Evangelho Pleno, ligada à Assembleia de Deus, na ilha Yeovide, em Seul, fundada em 1958, conta com auditório para 12 mil pessoas. Cerca de metade das maiores denominações evangélicas estão agrupadas no Conselho Nacional das Igrejas da Coréia.

Tal como no Brasil, os pentecostais se organizam politicamente para a conquista do poder. Com o Partido Protestante a Nova Direita Protestante controlam várias ONGs, escolas e universidades com um único objetivo: anticomunismo, anti-homossexualismo e anti-islamismo. Tal como nos Estados Unidos, o mundo está dividido entre Nós (os eleitos) e os Terroristas. Lá, como no Brasil, exigem a bandeira de Israel nas manifestações.

Para os evangélicos sul-coreanos, os Estados Unidos são a "Pátria da Fé" que evangelizou e civilizou o povo. Mais de 80% dos missionários protestantes desembarcaram na Coréia do Sul entre 1893 e 1983 eram estadunidenses. São os salvadores do país que merecem toda a gratidão e são os salvadores do mundo. Nas escolas ligadas à igreja, são formados quadros para ocuparem postos na administração pública e disputarem poder nas várias instâncias eleitorais. Seguem a teologia da prosperidade, combatem o feminismo e o aborto.

Ferozmente anticomunistas, dificultam os esforços pela unificação da península. A Coreia teve o Sul invadido pelos Estados Unidos para evitar que o Exército de Libertação Nacional ocupasse todo o país. Essa guerra iniciada nos anos 1950 ainda não terminou. Separando as duas Coreias, há uma zona neutra onde foi firmado um armistício.

Em 2017, conseguiram mobilizar o povo nas ruas para derrubar a presidenta Park Geun-hye, favorável a um entendimento com o Norte para unificar o país. Na realidade, foi deposta por *impeachment* acusada de corrupção.

O FUNDAMENTALISMO PENTECOSTAL NO BRASIL

> *A mistura da fé com a política e com o marketing deriva numa mensagem altamente explosiva, ou melhor, extremamente alienante. O eleitor é induzido ao voto não pela ideologia ou pelo programa do partido, mas pela mística da fé e/ou pela mistificação da propaganda.*

No século XIX, final do Império de Pedro II, deu-se início ao que ficou conhecido como primeira onda, com grande intensidade, a penetração das organizações religiosas estadunidenses: batistas, presbiterianos, metodistas. Algumas dessas missões criaram escolas e universidades. Entretanto, o caráter de infiltração já estava explícito.

No século seguinte, teriam um papel incisivo na propagação do anticomunismo e o liberalismo econômico. Terminada a Guerra Fria, as missões estrangeiras perderam espaço para as brasileiras que descobriram que além disso e do poder de alienação podia ser uma grande fonte de renda. Na década de 1910, numa primeira onda, chegam os pentecostais, Congregação Cristã do Brasil, Assembleia de Deus e Evangelho Quadrangular.

Em 1940, já está clara a intenção dos Estados Unidos de "americanizar" a América Latina. A segunda onda começa, de fato, em 1951 com a Cruzada Nacional de Evangelização iniciada pelos missionários estadunidenses Harold Williams e Raymond Botright, da Igreja do Evangelho Quadrangular — *International Church of the Foursquare Gospel* —, que logo fundam igrejas em São Paulo, Minas Gerais, Salvador e assim por diante. Tal como na matriz, pregam a cura divina.

No início dos anos 1900, 94% da população na América Latina se dizia católica romana e 1% protestante. Hoje, são 69% os que se declaram fiéis a Roma. Em 1970, no Brasil 9% se declararam católicos, em 2010 foram 64%.

É a partir dos anos 1970 que começa a expansão com as características que se vê hoje. É a chamada Terceira Onda Pentecostal (neopentecostal) de caráter messiânico, fundamentalista, com a Igreja Universal do Reino de Deus e a Internacional da Graça de Deus. A partir 1990, está presente em praticamente toda a América Latina, mostrando um vigoroso crescimento. Mais informação no *Le Monde Diplomatic* - Ano 14 No 158, setembro 2020.

O fundamentalismo está se expandindo assustadoramente por todo o território nacional e tem uma clara estratégia de captura do poder. Digo assustadoramente, porque o proselitismo deles é realmente assustador, pregando a homofobia, a intolerância, o desentendimento, o ódio ao semelhante e até o voto conservador, segundo Almir de Andrade, professor da Universidade de Brasília *"são inimigos mortais da democracia".* É fácil entender, porque a democracia se estabiliza se houver equilíbrio que é dado pela busca do entendimento, o respeito à diferença, ao ordenamento jurídico e moral, leis e costumes, solidariedade, entre outras.

São múltiplas as formas para o rompimento do equilíbrio. Almir de Andrade aponta as hegemonias e o fundamentalismo. Quando se escapa do fundamentalismo cai-se nos enlatados. Pacotes de velhos programas que podem ser cedidos ou vendidos a baixíssimo custo dominam as redes de televisão, não só dos países pobres, mas também em países como o Brasil, que têm recursos para produção própria.

O fundamentalismo dos neopentecostais se fundamenta sobre dois pilares: a Teologia do Domínio e a Teologia da Prosperidade.

A Teologia do Domínio

A Teologia do Domínio é a que vê o mundo numa guerra santa entre Deus e o Diabo pelo controle da humanidade. Cristo só terá condições de voltar à terra depois que a igreja capturar todas as instituições governamentais. Sem nenhum disfarce, os demônios somos nós, os ateus, agnósticos, umbandistas e, principalmente, as feministas e os comunistas. A Teologia do Domínio sustenta a pregação doutrinaria que coloca as lideranças dos Estados Unidos como as salvadoras da humanidade, os predestinados a dominar o mundo.

Vale lembrar frases de Ernesto Araújo quando no início de 2019 foi ungido ministro das Relações Exteriores do governo de ocupação, para justificar o alinhamento automático aos EUA. Na realidade, mais que alinhamento, submissão: *"Só Trump salva o Brasil e os EUA a humanidade".*[30] São inimigos mortais da democracia

---

[30] *Cata Capital*, 14 nov. 2018. Disponível em: https://ww.cartacapital.com.br/politica/futuro-ministro-das-relacoes-exteriores-que-trum-pode-salvar-ocidente/.

A Teologia da Prosperidade

A Teologia da Prosperidade tem suas raízes nas primeiras seitas criadas nos Estados Unidos como um grande negócio. Prosperidade é ganhar dinheiro, fator de felicidade. Nas periferias de São Paulo e nas favelas do Rio, os pastores convivem tranquilamente com o tráfico, pois não importa os meios para ficar "prospero" desde que pague o dízimo e contribua para o bem-estar da comunidade. Alguns autores relacionam a teologia da prosperidade como uma oposição a teologia da libertação, que durante um tempo aproximou a igreja de Roma das populações marginalizadas das periferias dos grandes centros urbanos.

Em ambos os casos, as doenças são provocadas por forças do mal, externas, portanto, curáveis por meio de exorcismos e outras práticas. O crente é o consumidor da fé e de seus subprodutos. Foi criado um amplo mercado. Antonio Spadaro S.I. e Marcelo Figueira, no *O evangelho da prosperidade (Prosperity Gospel)*, em que esmiúçam a corrente teológica neopentecostal evangélica, asseveram que

> O núcleo desta 'teologia' é a convicção de que Deus quer que seus fieis tenham uma vida próspera, quer dizer, que sejam economicamente ricos, fisicamente sãos e individualmente felizes. Este tipo de cristianismo coloca o bem-estar do crente no centro da oração e transforma seu Criador naquele que torna realidade seus pensamentos e desejos.

> O perigo dessa forma de antropocentrismo religioso, que põe no centro o homem e seu bem-estar, é o de transformar Deus em um poder a nosso serviço, a Igreja num supermercado da fé, e a religião num fenômeno utilitarista e eminentemente sensacionalista e pragmático (SPADARO E FIGUEIRA, 2018, p. 105).

Os pentecostais e os neopentecostais são os que mais crescem no continente. No Brasil, os evangélicos já somam 43 milhões, ou 22% da população, avançando sobre o público das demais religiões, incluindo protestantes e católicos. A igreja de Roma, por exemplo, que era de 73,6% da população em 2000, passou para 64,6% em 2010. A estratégia das diversas seitas é a conquista de poder. Para obter recursos, eles contam com o dízimo, os pedidos de doações que são feitos ao vivo nas igrejas, pelo telefone ou pela *web* e a venda de os mais variados produtos.

Uma pesquisa do Instituto de Estudos da Religião mostrou que, na região metropolitana do Rio de Janeiro, entre 1990 e 1993, foram fundados cinco novos templos evangélicos por semana, um por dia útil. O crescimento do número dos adeptos vem acompanhado da densidade da participação semanal às reuniões de culto (85% dos fieis pentecostais, a frequência mensal atingindo 94%) paralelo a um fenômeno novo nas periferias das metrópoles brasileiras: a violência policial e criminosa e o poder político unidos, simbioticamente aos grupos religiosos (carismáticos, protestantes, evangélicos, pentecostais, neopentecostais), com seus fiéis inertes diante dessa disputa fundamentalista, violência social e política incontrolável.

> Os grupos religiosos perceberam que o Estado é permeável às relações com micro e macro criminalidade, beneficiário direto do controle que exerce sobre esse negócio por meio do monopólio da violência legal e ilegal que detém. As religiões são então parceiras silenciosas da violência do Estado e dos benefícios da máquina policial e política e não questionam os poderes existentes. Por que? O único que lhes interessa é a posse do banho dentro e fora do Estado Laico" (MIR, 2007, p. 67).

O crescimento vertiginoso das seitas paralelamente ao crescimento do agnosticismo e da diversidade religiosa — afinal, há liberdade de culto — levou o autor a conclusão de que: *"perder a supremacia católica no maior país católico do mundo é um desastre apocalíptico para Roma"* (MIR, 2007, p. 67).

Entretanto, não há que subestimar o poder da Igreja de Roma, lembrando sempre que quer queira, quer não queira a maioria dos brasileiros são batizados e censados como católicos. Em 2006, segundo a CNBB[31], a estrutura eclesiástica no Brasil contava com 6 cardeais, 54 arcebispos (38 na ativa e 16 eméritos), 301 bispos e 134 eméritos, num total de 435 bispos; e mais 423 membros, entre abades, coadjutores e bispos auxiliares, além de 18 mil padres e 40 mil freiras. A máquina clerical-pastoral em janeiro de 2006 nas 269 circunscrições era esta: Arquidioceses – 41; dioceses – 208; prelazias – 13. eparquias – 3 exarcado – 1; ordinariado para fiéis de rito oriental sem ordinário próprio – 1; ordinariado militar – 1; administração apostólica pessoal – 1; mais de oito mil paróquias.

---

[31] Disponível em: https://www.cnbb.org.br/s-estrutura-administrativa-e-pastoral-dacnbb-tem-uma-matriz-e-
-18-unidades-regionais/.

Conta com o trabalho auxiliar de um nutrido conjunto de ONGs como a Cáritas Brasileira, Comissão Brasileira de Justiça e Paz, Comissão pastoral da Terra, Movimento de Educação de Base, Conselho Indigenista Missionário, entre outros.

A prática e o sucesso dessas empresas de exploração da crendice popular têm influenciado grandemente as igrejas tradicionais de culto evangélico, como a Batista, Adventista e até os protestantes. É que diante da perda dos fiéis, eles passam a adotar o mesmo estilo e logo se transformam nessa coisa, uma mistura de máquina de fazer dinheiro com partido político e pregação anticomunista.

Harold Hill, em seu livro *How to be a Winnner* (Como ser um ganhador), escreveu: *"Os filhos do rei têm o direito de receber um tratamento especial porque gozam de uma relação especial viva, de primeira mão, com seu Pai celestial, quem fez todas as coisas e continua sendo seu Senhor"* (HILL, 1993, p. 43).

Antes primavam pelo ascetismo, as mulheres usavam saia cinzenta longa, bem abaixo do joelho, cabelos sem cortar, em tranças ou enrolados no topo da cabeça (coque); os homens de terno escuro e gravata. Com o tempo, ficaram "moderninhos". As mulheres até já usam calças jeans, e os homens em mangas de camisa. Nos cultos, utilizam muita música e adotaram as de preferência popular, como os forrós, roques etc.

Os pastores são recrutados entre a população local, gente simples com o mesmo linguajar dos fiéis a conquistar. Calcula-se um pastor para cada 400 a 500 fiéis. Tem ocorrido que muitos pastores logo descobrem que é melhor ter sua igrejinha particular do que estar repartindo as doações dos fiéis com o bispo. E assim vão se proliferando. Até mesmo a velha Igreja de Roma já tem suas igrejas moderninhas com cultos de massa em que predominam as técnicas de manipulação das consciências.

Quando predominavam as igrejas tradicionais, pregavam que crente não se mete em política e vota no governo. Assim, deram apoio às ditaduras militares que proliferaram na América Latina e no regime militar de 1964 a 1988 no Brasil. Perceberam, também, que criar partidos políticos pode ser tão bom negócio como criar igrejas. E se as duas coisas estiverem juntas, melhor ainda. Assim foram surgindo partidos como o Partido Ecológico Nacional (PEN), o Partido Republicano Brasileiro (PRB) e a Rede Sustentabilidade. Em 1978, criaram a Organização Renovadora Autêntica na Venezuela; no Peru, ajudaram eleger Alberto Fujimori, na Guatemala, em 2015, elegeram presidente o evangélico Jimmy Moralez, que atuava como humorista na TV. Venceu o oponente, ex-primeira-dama, Sandra Torres, por 68,5% contra 31,5%.

Explica-se. Guatemala é o país latino-americano com maior número de evangélicos e foi lá que começou a primeira onda de conquista pelas igrejas com sede nos EUA. Tradicionalmente, adepta do catolicismo trazido pelos colonizadores espanhóis, aliada das oligarquias e dos EUA, a Igreja de Roma foi perdendo espaço e nas últimas décadas com maior velocidade e eficácia para as denominações evangélicas de procedência estadunidense. A partir dos anos 1920, as seitas agregam à pregação bíblica o proselitismo anticomunista, unindo-se nessa cruzada aos católicos.

Segundo a Aliança Evangélica, são 96 igrejas evangélicas para cada paróquia católica. Em números, enquanto a Igreja de Roma está organizada em 15 jurisdições, 415 paróquias e 835 sacerdotes, os evangélicos contam com mais de 40 mil igrejas. As denominações dos cultos evangélicos são diversas, porém, atuam em rede, o que une presbiterianos, pentecostais ou batistas. Essa ideia de atuação conjunta vem do primeiro Sínodo Evangélico de Guatemala, realizado em 1935, fixando uma coordenação entre Presbiterianos, Missão Centro-americana, Igreja do Nazareno, Igreja Amigos e os Metodistas Primitivos, as primeiras denominações com expressão popular e política.

Em 2007, o pastor Jorge Humberto López, fundador da Fraternidade Cristã, neopentecostal, uma entre milhares de denominações, inaugurou o maior templo evangélico da América Latina. O Mega Fráter levou seis anos em construção, ocupa uma superfície de 113 mil metros quadrados e seu auditório tem capacidade para um pouco mais de 12,2 mil pessoas. Hoje, o maior templo está em São Paulo, o Templo de Salomão da Iurd. 41% da população se diz evangélica. Honduras, Nicarágua e El Salvador já contam com população evangélica em torno de 30%. Panamá ainda predomina o catolicismo e em Belize introduzida há pouco tempo ainda ocupa pequenos espaços.

Guatemala é paradigmática por ter sido a porta de entrada do pentecostalismo e o neopentecostalismo, que desde os anos 1990 está se tornando a mais importante religião e força política na América Central. Obedecem a uma estratégia de ocupação do poder, atuando na sociedade (entre ricos e pobres), na política e nos meios jurídico e militar.

Em Costa Rica, o pastor Fabricio Alvarado Muñoz, reacionário e homofóbico do Partido Restauración Nacional, disputou a eleição presidencial de 2018 e só perdeu no segundo turno. 25% da população se diz evangélica.

Na Colômbia, em 2016, os evangélicos se opuseram aos acordos de paz entre o governo e a guerrilha das Farc e votaram não no plebiscito com o argumento de que a legalização dos comunistas punha em perigo a família tradicional. Estima-se em dez milhões a população de crentes colombianos.

Na Venezuela, desde o surgimento do Chavismo, equiparado pelos Estados Unidos ao comunismo, a Revolução Bolivariana tem nos evangélicos ferrenhos opositores. Convidado pelo presidente Nicolás Maduro, o Conselho Evangélico da Venezuela negou-se a participar da Assembleia Nacional Constituinte em 2017.

O Congresso Latino-americano de Evangelização (Clade), desde 1969 até 2012, reunia os núcleos da Fraternidade Teológica Latino-americana, Igrejas, movimentos e redes amigas para discutir estratégias para a maior disseminação das propostas do congresso. Era patrocinado pela Associação Evangelística Billy Graham (*Billy Graham Evangeslistic Association*).

William Franklin Graham (1918-2018), pregador batista filiado ao Partido Democrata, ficou conhecido mundialmente por sua pregação evangelizadora. Sua presença carismática era disputada na Nossa América e ajudou bastante na disseminação das denominações evangélicas a serviço dos interesses dos EUA.

GOLPE GOSPEL NA BOLÍVIA

Em abril de 2019, o presidente Evo Morales aprovou a Lei de Liberdade Religiosa Organizações Religiosas e Crenças Espirituais, que concede aos evangélicos os mesmos direitos que os católicos, ou seja, plena liberdade. Foi, mais que um erro, uma falha de Inteligência: a não percepção de constituírem uma ameaça à segurança nacional.

Evo conseguiu manter-se por um longo período de estabilidade política e desenvolvimento econômico depois que expulsou os agentes da DEA e da CIA. Depreciou o poder dos evangélicos associados ao Brasil e aos Estados Unidos e a capacidade conspiratória dos ianques.

Quando Evo Morales iniciou sua carreira política, a Bolívia estava minada, *sojeros* (plantadores de soja) e boiadeiros brasileiros em Santa Cruz a fomentar o movimento separatista, e os pastores, traficantes e agentes estrangeiros fazendo o trabalho de base.

Tudo o que ocorre é graças a deus! Nada graças à vontade dos homens e menos ainda resultado de políticas públicas feitas por governos preocupados com o povo e com a independência e soberania da nação. Com a mesma técnica utilizada no Brasil, tomaram o poder na Bolívia.

Foram os mesmos adoradores do deus dinheiro que deram o golpe contra o governo plurinacional de Evo Morales. Foram as denominações neopentecostais saídas do Brasil que conspiraram com os agentes ianques para derrubar um governo constitucionalmente legítimo.

No lugar dos símbolos nacionais, a *Bíblia*.

"Nunca mais a Pachamama entrará no Palácio Queimado onde volta a reinar a Bíblia"[32]. Essa frase da autoproclamada presidenta Jeanine Añez, recolhida por mim, em reportagem sobre o golpe contra Evo Morales publicada na revista *Diálogos do Sul*, em 10 de janeiro de 2020, esclarece tudo. O neopentecostalismo sionista no comando rompe com a soberania do povo para ser submisso aos interesses dos Estados Unidos. Antes, Luis Fernando Camacho, o agente promotor do golpe em Santa Cruz, entrou no Palácio Queimado e, destruindo símbolos pátrios, colocou uma *Bíblia* no lugar.

---

[32] Disponível em: https://www.bibliatodo.com/Pt/notcias-gospel/cindy-jacobs-lhe-profetiza-a-bolsonaro-desde-israel-video/.

O filósofo e teólogo argentino Enrique Dussel foi dos poucos que perceberam que

> [...] os Estados Unidos travam uma guerra santa para derrubar governos na América Latina. A arma é a Bíblia... uma Bíblia que demoniza as crenças nativas. Crenças que buscam a harmonia entre a vida humana e a natureza. Crenças que não escravizam, que não impõem o medo e o ódio (DUSSEL, 2019, s/p).[33]

Tal como no Brasil, por falta de inteligência de um lado, e por deslumbramento de outro, o campo ficou descoberto, descuidado, para ser minado pelo inimigo. O antipetismo e o anti-Evo têm as mesmas causas.

Bolívia e Brasil se perderam, desviaram-se da rota na qual iniciaram a caminhada. Se é assim, basta retomar o caminho, começar tudo de novo. Começar conhecendo a história, sabendo quem é o inimigo principal e identificando com quem se pode e com quem não se pode marchar.

Em 2020, as forças apoiadoras de Evo Morales, reaglutinadas, retornaram ao poder vencendo os golpistas pela via eleitoral. Entretanto, a Bolívia e o projeto já não são os mesmos. Ao não reprimir os golpistas, eles continuam conspirando e não tardarão em desestabilizar o país novamente.

Desde os anos 1950, os Estados Unidos têm realizado Congressos Anticomunistas e introduzido, por meio de agentes estadunidenses, o anticomunismo nos cultos evangélicos com a finalidade de ocupar o poder. As novas denominações, neopentecostais não escondem que querem o poder total.

Andaram bem nesse caminho no Brasil. No início do século XXI, já possuíam adesão de 30% da população e as maiores bancadas nas duas casas legislativas. Hoje, a adesão já é de 43% e ocupam também o Poder Executivo. Chegaram lá com a ocupação do poder por meio da farsa eleitoral de 2018.

Veja que, antes mesmo de ser eleito, o candidato do minúsculo partido PSL já mantinha estreita ligação com o Estado de Israel por meio do neopentecostalismo. Não esquecer que o candidato se fez fotografar sendo batizado por um pastor neopentecostal nas águas do Rio Jordão. E ele se diz católico.

---

[33] Revista *IHU Unisinos* – América Latina. Para Enrique Dussel, os grupos evangélicos são a nova arma dos EUA para os golpes de Estado. Disponível em: https://www.ihu.unisinos.br/78-noticias/594423-america-latina-para-enrique-sussel-os-grupos-evangelicos-sao-a-nova-arma-dos-eua-para-os-golpes-de-estado.

O premier Bibi Netanyahu esteve em sua solenidade de posse e a primeira visita ao exterior do ocupante do Planalto foi ao Estado de Israel. Essa ideologia também parece ter penetrado fundo nas Forças Armadas. Afinal, como entender o fato de eles terem realizado a operação de inteligência para a captura do poder em 2018? Os militares ocupam o poder real, com cinco generais, um brigadeiro e um almirante no Palácio e mais de 100 oficiais em diversos postos-chaves de primeiro e segundo escalão. No total, são mais de oito mil militares ocupando diversos postos de governo.

Pela ideologia, os militares abandonaram a soberania nacional e o povo de onde foram paridos para uma total e vergonhosa submissão ao governo dos Estados Unidos. Não há como ignorar que a teologia da prosperidade, que anima os pastores neopentecostais, é uma perfeita arma ideológica a serviço da expansão da hegemonia estadunidense. O Brasil está absolutamente submisso.

Veja, nem o Iraque, que foi feito terra arrasada e está há 18 anos sob ocupação de tropas dos Estados Unidos, que lá mantém um governo títere, está submisso como o Brasil. A rebeldia se espalha por bairros, universidades e os guerrilheiros do Hezbolah lutam para expulsar o invasor.

Foi contra essa guerrilha de libertação que os Estados Unidos perpetraram o ato terrorista que causou a morte de Abu Mahdi al-Muhandis, comandante das guerrilhas do Kata'ib Hezbollah, e de Qasem Soleimani, general do Estado Maior do Irã. Um ato de guerra em um país ocupado? É o poderoso tripudiando sobre o mais fraco.

Pelo mundo ecoa o grito de muitos milhões de iranianos e árabes feridos na sua dignidade, na sua soberania, indignados, sofrendo a impotência dos débeis diante do inimigo poderoso. Que esse grito seja ouvido e mova as pessoas de bom senso em todo o mundo a exigir paz para a humanidade. Paz que só se conseguirá com parar a expansão do imperialismo ianque e sionista. Não há outro caminho para a paz que o de convencer a comunidade internacional a se mobilizar pela retirada das tropas ianques no exterior.

"Yankees, go home!". É o grito de guerra da hora.

A MÁ ESCOLA E O ANALFABETISMO FUNCIONAL CONTRIBUEM PARA A ALIENAÇÃO E DOMINAÇÃO DO POVO

Atribuem a Leonel de Moura Brizola a profética frase: *"Se os evangélicos entrarem na política, o Brasil irá para o fundo do poço, o país retrocederá vergonhosamente e matarão em nome de Deus"*[34].

Filho de presbiterianos, foi educado lendo a *Bíblia*. Formado em Engenharia depois de ter sido engraxate, entrou na política com os olhos e mentes abertos. Quando governador do Rio Grande do Sul (1959-1963) e do Rio de Janeiro (1983-1987 e 1991-1994) pôde constatar a ofensiva dos pentecostais e neopentecostais. Imaginou certamente se os presbíteros já eram em si um perigo o que seriam esses agentes dos Estados Unidos e de Israel.

A mistura da fé com a política e com o marketing deriva numa mensagem altamente explosiva, ou melhor, extremamente alienante. O eleitor é induzido ao voto não pela ideologia ou pelo programa do partido, mas pela mística da fé e/ou pela mistificação da propaganda. Na medida em que essa estratégia de dominação avança, mais baixo é o nível dos eleitos para os cargos de representação popular e maior o desinteresse e alienação dos eleitores.

Isso se agrava num cenário no qual quase 50% da população não tem acesso a equipamentos culturais — cinema, teatro, bibliotecas, apresentações musicais. Só 16% (905) das cidades entre os 5.570 municípios têm museus e salas de espetáculos. Apesar do esforço do Ministério da Cultura para criar bibliotecas onde houvesse uma escola, existem apenas uma para cada 26.7 mil brasileiros. Em compensação, em cada município há uma igreja, quase sempre evangélica, e antenas parabólicas ou cabos para as TVs comerciais.

Há que considerar também que, segundo pesquisa da ONG Ação Educativa, só 35% da população com ensino médio completo está plenamente alfabetizada. Isso significa que 65% da população dessa faixa etária são analfabetos funcionais. Melhorou. Era 70%. 38% da população com nível superior

---

[34] *Estadão*, coluna do Sérgio Augusto – Ditos, não ditos e mal ditos – 12/09/2020. Disponível em: https://cultura.estadao.com.br/noticias/geral,ditos-nao-ditos,70003434169.

tem nível insuficiente de leitura e escrita. Ou seja, saem da universidade com diploma de analfabeto funcional. O pior é que pagam para obter esse diploma. Não é por acaso que o mais sábio entre nossos intelectuais, Darcy Ribeiro, dizia que a má educação (ou má escola) no Brasil é projeto.

Agora, a estratégia dos evangélicos é a de captura plena do poder. A ordem é: *irmão vota em irmão*. Tal como os empresários da Federação das Indústrias no Estado de São Paulo (Fiesp) e da Confederação Nacional Agrária (CNA), no lugar de apoiar candidaturas de terceiros, lançam seus próprios candidatos. Disputam os poderes legislativos e executivos em todos os níveis, municípios, estados e até a presidência da República.

Na Assembleia Constituinte de 1987/88, tiveram uma bancada significativa com 91 parlamentares que contribuíram para o conservadorismo das decisões. Levantamento feito pela revista *Carta Capital* (6/8/14) mostra que nas eleições de 2014, 270 evangélicos das várias denominações entraram na disputa para o legislativo federal. Na eleição anterior, eram 193. Eles pretendem aumentar a chamada bancada evangélica em 30%, o que, se alcançado, iria de 73 deputados para 95, de um total de 513. Outro dado impressionante é que estão presentes, se não em todos, em quase todos os partidos.

O bloco do PR (PR, PT do B, PRP, PHS, PTC, PSL e PRTB) tem 14 crentes, 33% do total da bancada; PSC, 9 crentes, 56% da bancada. Nas eleições gerais de 2014, a bancada evangélica, ou Frente Parlamentar da Família e Apoio a Vida — para o mandato de 2015 a 2019 —, diminuiu de 55 para 52 deputados e 3 senadores.

Simone Andréa Barcelos Coutinho, procuradora do município de São Paulo em Brasília, pergunta: "O Poder Legislativo é um dos Poderes da União; se não for o Legislativo laico, como falar-se em Estado laico?". Ela argumenta:

> Além da liberdade de crença e descrença, a Constituição da República proíbe ao Estado estabelecer cultos religiosos ou igrejas, subvencioná-los, embaraçar-lhes o funcionamento ou manter com eles ou seus representantes relações de dependência ou aliança (artigo 19, inciso I). A leitura do dispositivo leva o cidadão a supor que tem direito a legislação, governo e organização social livres de ingerência religiosa: a um Estado laico. Entretanto, esse mesmo cidadão depara-se com notícias referindo-se à "bancada evangélica" do Parlamento ou de suas Casas, bem como à influência

da fé que confessam algumas autoridades sobre o exercício de suas funções. [...]

O pluralismo, por si só, é incompatível com qualquer forma de união entre o Estado e qualquer religião, pois aquele significa a tolerância e o respeito à multiplicidade de consciências, de crenças, de convicções filosóficas, existenciais, políticas e éticas, em lugar de uma sociedade em que as opções da maioria são impostas a todos, travestidas de "bem comum", "vontade do povo", "moral e bons costumes" e outros. [...]

O Estado laico respeita e tolera, pois, a diversidade de crenças de toda sorte. Mais do que isso, atua em obediência necessária ao pluralismo de consciência, de crença, de culto ou de manifesta ausência de sentimento ou prática religiosa. Sobretudo, um Estado laico e pluralista conduz seus negócios, pratica seus atos e define o interesse público com total independência de qualquer religião, grupo ou sentimento religioso, ainda que francamente majoritário. [...]

A Constituição da República Federativa do Brasil determina que "ninguém será obrigado a fazer ou a deixar de fazer alguma coisa senão em virtude de lei" (art. 5º, inc. II). A religião, assim como a tradição, a ninguém obriga (BARCELOS COUTINHO, 2011, s/p).

Servidão intelectual, a pior das servidões

Essa aventada questão da tolerância merece uma reflexão. O que é tolerável? Qual o limite da tolerância?

Frei Beto, jornalista e frade dominicano, com inúmeras obras publicadas, em 2014, vendo o avanço da bancada evangélica, advertia que a laicização do Estado está ameaçada. Disse Beto em entrevista à *Folha de S. Paulo*[35]

Penso que está sendo chocado o ovo da serpente. Uma das conquistas da modernidade, importantíssima, é a laicização do Estado e dos partidos. Essa bancada está querendo confessionalizar a política. Explico: eu sou padre ou pastor de uma

---

[35] Fonte: https://www1.folha.uol.com.br/poder/2015/08/1666232-no-intimo-eu-temo-que-a-presidente--dilma-renuncie-diz-frei-betto.shtml.

> igreja que considera pecado o cigarro e a bebida alcoólica; e tenho a veleidade que toda a população nem tome bebida alcoólica nem fume. Eu só tenho dois caminhos. O primeiro é converter toda a população à minha igreja; isso é impossível. Mas o segundo é possível: eu chegar ao poder e transformar o preceito da minha igreja em lei civil. Como aconteceu nos EUA nos anos 1920. E temo que o projeto deles seja esse, de confessionalização da política. Uma forma de fundamentalismo tupiniquim, altamente perigoso.

Sábias palavras do Frei Beto. Reforça sua avaliação lembrando o livro *Discurso da Servidão Voluntária*, de Etienne de la Boétie (1530-1563), que mostra como a cabeça das pessoas é feita a ponto delas

> [...] perderem totalmente a consciência, o livre arbítrio, e se tornam cordeirinhos de qualquer um que queira manipulá-las. É isso. Muitas igrejas transformam seus fiéis em cordeirinhos que, ameaçados pela teologia do medo, acabam seguindo a voz do pastor naquilo que ele dita (BETO, 2013, s/p).

O livro de Etienne a que se refere é uma profunda reflexão sobre a tirania, deixando claro que a pior das servidões é a voluntária, que a tirania se prolonga, porque as pessoas consentem com sua própria servidão. É impressionante a atualidade do pensamento. Parece que escreveu ontem. Vejam este trecho:

> Por ora, gostaria apenas de entender como pode ser que tantos homens, tantos burgos, tantas cidades, tantas nações suportam às vezes um tirano só, que tem apenas o poderio que eles lhe dão, que não tem o poder de prejudicá-los senão enquanto têm vontade de suportá-lo, que não poderia fazer-lhes mal algum senão quando preferem tolerá-lo a contradizê-lo. Coisa extraordinária, por certo; e, porém, tão comum que se deve mais lastimar-se do que espantar-se ao ver um milhão de homens servir miseravelmente, com o pescoço sob o jugo, não obrigados por uma força maior, mas de algum modo (ao que parece) encantados e enfeitiçados apenas pelo nome de um (BOÉTIE, 1530-1563, p. 1).

É terrível a constatação, mas Etienne escancara portas e janelas para que ninguém se aprisione.

> Não é preciso combater nem derrubar esse tirano. Ele se destrói sozinho, se o país não consentir com sua servidão.

Nem é preciso tirar-lhe algo, mas só não lhe dar nada. O país não precisa esforçar-se para fazer algo, mas só não lhe dar nada. O país não precisa esforçar-se para fazer algo em seu próprio benefício, basta que não faça nada contra si mesmo. São, por conseguinte, os próprios povos que se deixam, ou melhor, que se fazem maltratar, pois seriam livres se parassem de servir. É o próprio povo que se escraviza e se suicida quando, podendo escolher entre ser submisso ou ser livre, renuncia à liberdade e aceita o jugo; quando consente com seu sofrimento, ou melhor, o procura (BOÉTIE, 1530-1563, p. 3).

O ESTADO EM GUERRA CONTRA O POVO

A Constituição, além de assegurar o Estado laico, assegura também a liberdade de religião e de culto. Entretanto, algumas religiões querem impor seus dogmas à população e às instituições e pregam a intolerância ao diferente. Essa mesma constituição garante o respeito aos Direitos Humanos, que inclui que ninguém será torturado. Porém, a sociedade convive com a tortura institucionalizada, com a pena de morte como política de Estado, ou melhor, como prática de Estado.

Luis Mir pergunta:

> Se devemos admitir a Bíblia, porque não Mein Kampf? E, se toleramos Mein Kampf, por que não o racismo, tortura, os campos de concentração? Tal tolerância universal seria, por certo, moralmente condenável, porque esqueceria as vítimas, abandonando-as à sua própria sorte, deixando perpetuar o seu martírio. Tolerar é aceitar aquilo que se pode condenar, é deixar fazer o que se pode impedir ou combater. É, portanto, renunciar a uma parte do nosso poder, da nossa força, da nossa cólera (MIR, 2004, p. 338).

Guilhermo Maci, citado por Luis Mir:

> A discriminação e o racismo como estratégia de poder econômico (ideológico e político), se apresenta na sociedade brasileira -continente que contempla múltiplas etnias e correntes migratórias- sob uma conjugação, o que multiplica seus efeitos de alheamento. Reconhece-se nesta proliferação de ideologias da discriminação o sintoma coletivo do monopólio do poder exercido pelo Estado, herdeiro do vice-rei. A discriminação indiscriminada, que toma como base qualquer traço aplicável de identidade, é uma sociedade anônima da morte, como manifestam fatalmente os esquadrões policiais das metrópoles brasileiras.
>
> É a função destrutiva que o poder exerce por meio da idealização e esta, como instrumento de poder, converte automaticamente seu oposto no antediga, equivalente ao que deve ser destruído pois sua existência é contestadora do poder restabelecido. Disto resulta a cultura da aniquilação e sua política do extermínio, que consiste numa formação

social que alicerça sua própria coesão (a identificação entre seus membros) na ideologia do ódio ao outro (MACI apud MIR, 2004, p. 110-111).

O que eu chamo a guerra permanente do Estado contra a Nação, Luis Mir, médico, jornalista, pesquisador infatigável, escreveu um livro de mais de 900 páginas — *Guerra Civil Estado e Trauma*. O livro foi feito para profissionais da medicina, medicina no contexto da guerra civil em que morrem, ou melhor, são mortas sete pessoas por hora, 60 mil por ano, mais que em 50 anos de guerra civil na Colômbia.

Mir reconhece que está havendo a "canudização" (de Canudos[36]) das favelas. Traça um paralelo entre o confronto entre o povo sertanejo, liderado por Antonio Conselheiro, contra o poder do Estado, na Guerra de Canudos, que os meios urbanos viam como uma ameaça a recém-fundada República. Produziu-se o massacre sob o olhar indiferente da sociedade.

A situação se repete nas periferias e favelas dos grandes centros urbanos. Não bastando as armas de todo o tipo das Polícias Militares, mais militares que polícias, estão utilizando as forças armadas, principalmente o Exército, com armamento pesado. Para combater quem?

Mir comprova que não há um exército do narcotráfico.

> O exército do narcotráfico exposto à exaustão na mídia nacional e internacional, é desdentado, anda de bermudas e sandálias de dedo. Não tem paióis de munição, stands de treinamento, rotas de fuga e rede de casas e refúgios seguros. [...] não tem nível de treinamento e aparelhamento como o exército e nem está sujeito aos códigos e as armas de guerra e, em confronto com as forças policiais, são um oponente fragilíssimo (MIR, 2004, p. 257).

---

[36] Guerra de Canudos (1896-1897) foi um massacre de camponeses que viviam em comunidade por tropas federais.

PROFECIA DE CINDY JACOBS

Em 23 de outubro de 2018, cinco dias antes do segundo turno da eleição presidencial no Brasil, a pastora neopentecostal Cindy Jacobs, que diz conversar com Deus, em nome desse deus, chamou a todos os pastores brasileiros e de outros países a se engajarem na campanha em favor de Jair Messias Bolsonaro, capitão expulso do Exército brasileiro, candidato de um minúsculo partido, o Partido Social Liberal (PSL).

Nas hostes das igrejas evangélicas, chamam-na de profeta e juram que ela acertou em todas suas profecias, inclusive essa de que Deus salvaria o Brasil do mal e da crise em que está metida com a chegada ao poder desse Messias. Imagem bem trabalhada, voz forte e olhar firme, afirma que *"vamos derrotar o poder das trevas [...] o feitiço e a bruxaria que está travando o Brasil"*[37].

O poder das trevas está em Cuba e Venezuela e nas religiões de origem africana. Quando o Brasil mudar a embaixada para Jerusalém, o deus dela (não sei se com maiúscula ou minúscula)

> Trará dinheiro de outras nações [...] deus vai dar [...] deus está dizendo, são frases recorrentes do discurso. E mais, Deus vai transformar o país através dos pastores e será o maior país cristão do mundo [...] Eu farei do Brasil um país justo (JACOBS, 2013, s/p).

Na sequência falou o pastor Michael, marido da profeta. *"Setenta anos da constituição de Israel é um marco. Vai elevar a igreja no Brasil a um nível nunca antes visto, do Brasil vai ecoar para todo o mundo"*[38].

Isso foi em 2018. Em outubro, 70% dos pentecostais e neopentecostais deram 11 milhões de votos para o "Messias" Bolsonaro.

Em 3 outubro 2019, voltou à carga com novas profecias. *"Está na hora de mudar a embaixada para Jerusalém [...] Vamos apoiar Israel pelas igrejas [...] pede a todos "orar pelo presidente [...] o Brasil será a 1a nação evangélica. É uma nova era no tempo com os poderes de deus"* (JACOBS, 2019, s/p).

A esse discurso acrescentou que o:

---
[37] Transcrito do vídeo de 02 jul. 2013. Disponível em: https://www.youtube.com/watch?v=ZvqDdYYIjt4.
[38] Cindy Jacobs profetiza a Bolsonaro desde Israel – vídeo – Biblia todo notícia, 8/9/2019. Disponível em: https://www.bibliatodo.com/Pt/noticias-gospel/cindy-jacobs-lhe-profetiza-a-bolsonaro-desde-israel-video/.

> Avivamento está ocorrendo ao longo do Amazonas [...] o avivamento vai contagiar o país [...] Deus vai renovar o Brasil [...]. Muitos credos serão reformados. Estradas, plantações [...] deus vai providenciar o dinheiro, tudo vai acontecer [...] não posso esperar para ver a embaixada em Jerusalém (JACOBS, 2019, s/p).

Essa menção a Israel configura como que uma nova onda evangélico-sionista que atua como uma coluna avançada das relações exteriores do Estado Teocrático de Israel. Ver-se-á mais adiante.

Avivamento é como uma centelha de renovação espiritual. No catolicismo ocorre em datas especiais como a Páscoa que comemora a ressurreição como ato de renovação da fé. Para os pentecostais é a manifestação de Deus na vida das pessoas e na vida coletiva de uma nação. O avivamento, nesse caso, soa mais como um ato de conversão das pessoas por meio dos pastores. Prega a intimidade com Deus para alcançar as bênçãos.

O papa Francisco ao convocar o Sínodo da Amazônia, dar poder de confissão até a mulheres e ordenar indígenas, o faz seguramente com o propósito de provocar um avivamento em torno da fé católica, bastante afetada ao abandonar as políticas de trabalhar com as populações marginalizadas, espaço que foi ocupado pelos neopentecostais.

Prosperidade ou consumismo?

A teologia da prosperidade vem da pregação do pastor Kenneth Hagin (1917-2003), que se dizia profeta e pregava que tudo o que você desejar e pedir será concedido. A partir dele se difundirá nas escolas de formação e apropriação e utilização de meios de comunicação, com ênfase na televisão, transmitido numa profusão de idiomas.

No livro *Prosperity Gospel* (O evangelho da prosperidade), de Antonio Spadaro S. I. e Marcelo Figueroa, há o esclarecimento de que:

> Na América do Sul, a difusão mais significativa ocorreu na Colômbia, no Chile e na Argentina, mas, indubitavelmente, o Brasil merece consideração especial, porque possui uma dinâmica própria e um movimento pentecostal autóctone como a Igreja Universal do Reino de Deus. Este grupo, também conhecido como "Pare de sofrer, tem ramificações em toda a América Latina, mas conservou uma linguagem intermediária entre o espanhol e o português, que determina um tipo de comunicação peculiar e cuidadosamente estudado.

> Basta analisar o anuncio da "Igreja Universal" brasileira para encontrar uma forte mensagem de prosperidade e benesse, junta com a frequência presencial nos templos para receber múltiplos benefícios (SPADARO E FIGUEIRA, 2018, p. 110).

O efeito disso é destruidor sobre as instituições e sobre a política. Fica tão enraizada a crença de que toda e qualquer melhora em sua vida é obra de Deus, que não se dá conta do que se constrói em seu entorno por conta de políticas públicas. Inclusive, as doenças deixam de ter origem e cura terrena para ficar na esfera do divino. Se adoeceu é porque Deus quis, e até a homossexualidade é doença com cura divina.

Que prosperidade é essa? É o *way of life* estadunidense... que mais poderia ser?

Basta ver que até na moeda (dólar) vai a mensagem do Bezerro de Ouro (*In God we trust*).

Como a *Bíblia* é o centro — começo e fim do universo — interpretada ao pé da letra, sem conhecer a letra, a ligação com o sionismo foi automática, dado ser Israel a terra prometida e para onde ressurgirá o Messias. Para o crente, tudo parece natural, mas a realidade é uma santa aliança para dominação.

A partir dos anos 1980, as interpretações literais do Velho Testamento provocam mais que um acercamento uma simbiose com a Torá do judaísmo. Aí se dá uma enorme confusão. O uso de símbolos judaicos, como a estrela de Davi, nos templos chega ao exagero no Templo de Salomão, da Iurd. Até a bandeira de Israel aparece em manifestações religiosas. Tudo isso em uma fase em que o sionismo, apropriado pelo capital financeiro, torna-se sinônimo de nazismo.

Os embaixadores de Israel

No México, essa fé no Deus de Israel é levada pelo pastor Felipe García Hernández, líder dos *Pastores Unidos por la Paz en Sion*, mantém a organização e o portal *Pastores Unidos por Israel* que se identificam como *PAAZ Institución Cristiana Latinoamericana*. O pastor mexicano é paradigmático, ou seja, pode servir para entender o que se passa na cabeça dos demais pastores que atuam em Nossa América e até no mundo, pregando esse novo evangelismo sionista.

Um psicólogo diria: são gente simples, inculta, despreparadas, facilmente se deixam doutrinar acriticamente. São os cabeça feita. Saídos da pobreza, convivem com a pobreza de seu entorno. Normalmente, deslumbram-se diante da pompa do poder.

Como fica a cabeça de uma pessoa com esse perfil recebido com toda pompa num palácio deslumbrante por um poderoso chefe que o trata como a um igual ou até mesmo como um filho dileto? O chefe passa a ser, senão o próprio Deus, aquele que foi enviado por Deus, aquele que fala em nome de Deus e ordena. Sem sombra de dúvida, isso aconteceu com o pastor mexicano e todos quantos como ele passaram pela mesma experiência e estão exercendo o papel de "embaixadores" de Israel, em vez de serem apenas pastores evangelistas.

Esse evangelismo sionista é, sem nenhum disfarce, uma extensão dos órgãos de propaganda de Israel ligadas ao Ministério de Relaciones Exteriores e ao serviço de inteligência, o Mossad. É o próprio García Hernández quem não deixa dúvida em entrevista que concedeu depois de participar de um encontro de líderes evangélicos com Benjamin Netanyahu, premier de Israel[39]. A seguir, uma síntese do transcrito de um vídeo traduzido por mim, que inicia descrevendo reunião com o ministro de Relações Exteriores em Israel

> [...] de parte do Ministério de Relações Exteriores, por instruções do primeiro-ministro, foi-nos dada a tarefa de agrupar líderes evangélicos da América Latina. O grupo teve o privilégio de ir a Israel, de 16 pastores, todos com boa influência em seus países. Do México eu fui o convidado. Foi o Encontro de Evangélicos da Terra Santa pela Coalisão de Líderes Evangélicos na América Latina. Estivemos com Netanyahu, em sua imensa sala dedicou mais tempo a nós do que costuma dedicar a dignitários, segundo os funcionários. O premier em primeiro lugar agradeceu termos atendido o convite. A mensagem que transmitiu é a dos três Ts: Terrorismo, Tecnologia e Teologia.
>
> O Terrorismo é a expressão mais cruel do antissemitismo.
>
> A Tecnologia é ainda insuficiente para barrar o terrorismo. Falou das câmeras, dos satélites, das cercas eletrificadas etc.

---

[39] Disponível em: https://diariojudio.com/opinion/entrevista-al-pastor-felipe-garcia-hernandez-sobre-su-visita-a-israel/254117.

A Teologia é o estudo relacionado com Deus.

O premier disse que a Teologia é a necessidade da intervenção de Deus nos assuntos de Israel, falando especificamente de sua segurança. A Tecnologia não é suficiente, recorremos a Deus. O próprio Salomão, quando inaugurou o Grande Templo, lá no 2º livro de crônicas (Cap 6, Vers. 34), insta a apoiarmo-nos em Deus nos momentos de conflito, nos momentos de perigo, nos momentos de crise.

Os cristãos nos desprendemos de Israel. É daí que vem (o evangelismo sionista). A Bíblia chama Israel de sua terra e a nós de seu povo.

O primeiro-ministro nos nomeou embaixadores de PAAS e nos ordenou que em nossos países não só sigamos fazendo o que fazemos mas que não descansemos porque necessita de nossas orações e de tudo o que possamos fazer por Israel. Ali se formou a Coalisão de Cristãos Evangélicos Sionistas Latino-americana em favor de Israel.

Formamos um grupo e estamos em contato contínuo uns com os outros Cada um para que possamos acelerar nosso trabalho por Israel, porque beneficia a Israel e também a nossos povos.

Netanyahu é (ocupa) o maior dos cargos que há... é o rei de Israel... chame-o como quiser, é como se estivesse Salomão ou o rei Davi. É algo realmente profético. O primeiro-ministro que representa à nação de onde se desprendeu nosso cristianismo. Seguramente é uma benção, é um presente de Deus, um agregado espiritual para nós.

A mensagem de Netanyahu: em alguma medida, todos temos uma dívida para com Israel. Uma dívida moral, dívida tecnológica, uma dívida espiritual como é o nosso caso. Falando dos cristãos, de todos aqueles que de alguma forma usam a Bíblia para as questões de sua fé.

A Bíblia é um livro escrito por judeus.... um livro que tem beneficiado à humanidade, que é traduzido por mais idiomas e dialetos que qualquer outro. O primeiro livro que saiu da prensa de Gutemberg foi a Bíblia. A Bíblia tem educado nações completamente. Tem sido o primeiro livro de texto de muita gente. Assim que somos todos, em alguma medida, devedores de Israel.

Vale a pena mencionar que, se Israel não existisse, simplesmente não existiria a Igreja. Não haveria maneira de comprovar a fé daqueles que nos baseamos na Bíblia. A Bíblia fala de uma nação, do princípio ao fim, e esta nação é Israel. Israel é a prova contundente, a prova real, que se pode apalpar e atual de que a Bíblia é um livro verás.

No início de 2020, os pastores mexicanos firmaram uma Declaração de Aliança por Israel em que, depois de reconhecer a milenária história de Israel e do povo judeu,

> Estamos convencidos de que a cooperação entre O México e Israel em todos os níveis e âmbitos pode trazer um grande benefício para nossas nações, pelo qual declaramos nossa vontade de servir como ponte entre ambos (HERNANDEZ, 2017).[40]

De fato, um embaixador não conseguiria tal feito.

Ainda em janeiro, no México e nos EUA foram realizadas marchas envolvendo milhares de pessoas, nas principais capitais e cidades dos dois países, em favor de Israel e em memória de "6 milhões" de judeus mortos no Holocausto.

De onde vem essa simbiose evangélico-judaico?

Alguns autores dão como início a convocação pelo Vaticano, em 1999, para uma Assembleia Inter-religiosa, com a presença de representantes de umas 20 denominações religiosas de 21 países. O apelo era por promover a paz e a harmonia e a união das religiões com o mesmo Deus nessa promoção.

No discurso de encerramento do encontro, o papa João Paulo II assevera que

> Qualquer uso da religião que sirva para apoiar a violência é um abuso da própria religião. A religião não é e não deve tornar-se um pretexto para os conflitos, de modo particular quando a identidade religiosa, cultural e étnica coincidem. A religião e a paz caminham a par e passo: declarar guerras em nome da religião é uma evidente contradição. Os chefes religiosos devem demonstrar de maneira precisa que estão

---

[40] Disponível em: https://www.youtube.com/watch?v=L3l7YArfxkk&t=43s.

empenhados em promover a paz precisamente em virtude da sua crença religiosa (JOÀO PAULO II, 1999, s/p).[41]

Como um desdobramento dessa iniciativa da Igreja de Roma, nos Estados Unidos o *American Jewish Committee*, Conselho Internacional para Cristãos e Judeus, mais *Jewish Life Network* e *Cristian Century* divulgam uma declaração que foi preparada pelo *Baltimore Institute for Christian and Jewish Studies*, que deflagraria a onda de evangelismo sionista que, mais adiante, seria apropriada pelos interesses do expansionismo de Israel.

Com o título, judeus e cristãos em busca de uma base religiosa comum para contribuir para um mundo melhor: *Dabrut Emet*.

> Pela primeira vez, em mais de 1.900 anos, importantes líderes do judaísmo e do cristianismo encontram-se face a face vendo-se uns aos outros como servidores do mesmo Deus, até mesmo como membros de um povo que fez com Ele uma aliança, quaisquer que sejam as diferenças não resolvidas entre as duas comunidades de fé (MAYER, 2009, p. 627).

As manifestações, do lado judaico, afirmam que os cristãos adoram o Deus de Israel e se baseiam legitimamente na *Bíblia* judaica. Apesar das contradições, impõem parceria judaico-cristã para alcançar a paz e a justiça.

Igualmente os adventistas, notadamente os Adventistas do Sétimo Dia, estão à espera do Messias e cultuam o *Shabat*, o descanso de Deus no Sétimo dia depois de seis dias de árduo trabalho para fazer o mundo, com tudo o que está aí, seja mineral, vegetal ou animal, incluindo nós, os filhos de Adão e Eva, que pariram o primeiro assassino na história dos humanos.

Os católicos romanos dedicam o domingo — *domenica* — dia do senhor, para a adoração. Como as duas religiões têm a *Bíblia* como referência, essa diferença pode, talvez, ser explicada com a adoção, no Ocidente, do calendário Juliano (46 ac), corrigido depois de 1.600 anos pelo papa Gregório, que introduz o ano bissexto e é adotado no mundo inteiro.

Os judeus ortodoxos pregam que só os eleitos (eles) devem obrigação do *Shabat*. Porém, se foi aceito que a *Bíblia* é universal, fim de papo, cabe a todos. A *General Conference of Seventh day Adventists* consagrou o caráter universal do Genesis.

---

[41] Disponível em: https://www.vatican.va/content/john-paul_ii/pt/speeches/1999/october/documents/hf_jpj-
-ii_spe_28101999_interreligious-assembly.html.

As principais denominações pentecostais vieram dos Estados Unidos para Nossa América, como coadjuvante da guerra cultural travada para a conquista dos povos. Uma segunda onda evangelizadora, protagonizada pelos neopentecostais, começa nos anos 1980 e no Brasil com maior força a partir dos anos 1990. A missão evangelizadora de uma Nova Roma, em que o deus supremo é o dinheiro. *In God we Trust* está escrito na nota do dólar. Um deus que fez do mercado seu templo. A teologia da prosperidade, da satisfação material. Para servir a Deus, você tem que ser próspero e saudável e quanto mais dinheiro você tiver, mais você tem que contribuir para agradar ao deus.

Eles se reúnem em mega templos, realizam marchas com milhão de pessoas, mantêm empresas que produzem todo tipo de bugiganga para os fiéis, possuem gráficas e editoras que publicam jornais, revistas e livros de grande tiragem e controlam infinidade de rádios emissoras e grandes redes de televisão. Tele evangélicos têm grande poder de penetração.

Eles se espalham com pequenas igrejas, nas áreas rurais, mais remotas, inclusive nas aldeias indígenas. Pastores, obreiros, congregações atuam nas periferias das grandes cidades em áreas que estavam abandonas por décadas depois de terem passado décadas sendo organizados sob orientação da Igreja de Roma e de militantes das organizações de esquerda. Eram tempos da teologia da libertação e das comunidades eclesiais de base e de reorganização do movimento sindical.

Vieram com uma estratégia de captura do poder, transformar o Estado numa teocracia, como foi feito em Israel. Pacientemente, foram se infiltrando nas forças armadas e nas forças policiais, no meio jurídico e na administração pública. Na arena política estão presentes nos principais partidos e criaram seus próprios partidos e formam poderosas bancadas nos legislativos.

Não têm a rigidez ortodoxa de outras religiões, o que dá uma sensação de liberdade. Para conseguir a graça de Deus, só exigem o dízimo e as doações. Por outro lado, insistem na questão do demônio que está em toda parte e é preciso afastá-lo. As religiões de origem afro e indígena para eles são coisa do Diabo e incitam os fiéis a invadirem templos, depredarem bens como estatuas.

Em junho de 2018, realizaram em Bogotá um *Encuentro Mesiánico Internacional Jazon 2018*, coordenado pelo pastor Raúl Rubio, da *Comunidad Mesiánica Yovel*, com participação de 500 delegados vindos de várias partes do mundo. O grande rabino Alfredo Goldschmidt disse que *Jazon* significa *Visão*, visão daqueles que conduziram o judaísmo a quatro mil sucursais mundo afora.

Um novo avivamento

Uma disputa por almas que está sendo travada nos rincões abandonados pelo Estado, pelos partidos políticos e pela própria Igreja de Roma.

O tipo de "avivamento" que estão fazendo é o de gerar um certo fanatismo nos crentes, manejados por pastores, às vezes também fanáticos, na maioria das vezes, oportunistas que fazem do culto instrumento para enriquecimento. Com fanáticos e muito dinheiro, vão ampliando o exército de crentes com que pretendem conquistar o poder e dominar a nação. Numa situação de miséria geral, o dinheiro é a voz que fala mais alto.

A má formação do povo nas escolas e a alienação consumista propiciada pelos meios de comunicação facilitam a doutrinação e passa a envolver gente de bem e de boa fé, corroborado pelo baixo nível intelectual das classes média e da elite mais rica.

A coisa vai se tornando cada vez mais difícil. Não é possível convencer, nem mesmo dialogar, com uma pessoa que acredita que a Terra é plana ou que o mundo, este nosso vasto mundo que não se chama Raimundo, foi feito em sete dias. Se a pessoa não for idiota, é um cínico oportunista explorador, trabalhando em função de um objetivo.

Essa é a questão. Uma questão cultural, certamente.

Como superá-la?

Se é cultural, tem que ser enfrentada por meio de uma Revolução Cultural.

Não há que ter medo de usar o termo, porque é isso mesmo. A Revolução Cultural tem que começar em casa, primeiro consigo mesmo: liberar-se das amarras dogmáticas e soltar a mente para olhar crítica e criativamente a realidade. Estudar e não receber nada dito pelo outros sem procurar saber o porquê, a intenção. Quais as intenções que estão por trás da mídia? Por trás das igrejas?

A Revolução Cultural tem que ter início nas escolinhas. As boas são aquelas que instigam as crianças a pensar, a perguntar o porquê das coisas, aquela que desperta o espírito crítico e criativo. É disso que se trata. Uma Revolução Cultural que devolva o pensamento crítico à sociedade.

Nem a China, nem Cuba escapam da perigosa e insidiosa penetração das igrejas neopentecostais. Na China, as Igrejas de *Wenzhou*, criada por empresários, e a teologia da quarta dimensão do pastor Paul Yonggi Cho.

Na América Latina, o surto de acentua, coincidentemente, a partir do Documento de Santa Fé, governo Reagan, que traça estratégia pra combater a teologia da libertação, acabar com a influência dos setores progressistas da Igreja de Roma.

Na América Central, desde os tempos do Celam e dos congressos anticomunistas, anos 1950-60, a igreja de Roma, dominada pelos setores mais reacionários, era praticamente hegemônica. Ainda hoje, essa igreja reacionária tem forte presença, mas a hegemonia já é contestada, em alguns lugares anuladas, pelo surto da teologia da prosperidade. Guatemala e Costa Rica são hoje centros difusores dessa teologia. Contam para divulgação com a TV por satélite TBN-Enlace, com sede na Costa Rica.

O que há de novo nessa ofensiva sobre Nossa América é que os pastores já não são majoritariamente procedentes dos Estados Unidos, mas, sim, do Brasil. Isso vale também para Argentina, Bolívia, Chile, Colômbia. A Iurd é a nau capitânia nessa ofensiva.

O ESTADO É LAICO, MAS NÓS SOMOS CRISTÃOS

Em junho de 2019, Jair Bolsonaro, o capitão da reserva do Exército Brasileiro, no comando do governo de ocupação, participou de um culto evangélico que a bancada da *Bíblia* realiza uma vez por semana na Câmara Federal. Discursando na ocasião e referindo-se ao fato de que terá, durante seu mandato, de nomear dois ministros para o Supremo Tribunal Federal (STF), disse claramente: *"O Estado é laico, mas nós somos cristãos [...] um deles será terrivelmente evangélico"*[42].

Disse arremedando frase da pastora evangélica Damaris Alves que ocupa o Ministério da Mulher, Família e dos Direitos Humanos que se qualificou como *"terrivelmente cristã"*. Essa mulher ganhou notoriedade por suas pregações morais, como indicar que menino veste azul e menina cor-de-rosa, iniciar campanha de prevenção das DST no Carnaval pregando abstinência. Antes de integrar o governo, em vídeo gravado durante culto em sua igreja, afirmou que foi convertida pelo próprio Cristo, que apareceu quando ela tentava suicídio trepada numa goiabeira. Quando em 4 de novembro de 2019, o presidente do STF, José Dias Toffoli, com seu voto revogou decisão que permitia prisão em 2ª instância, o pastor Silas Malafaia expressou "indignação e desprezo" e qualificou a Corte como "vergonha nacional". Indignado por libertarem o ex-presidente Lula.

Paralelamente, a militarização do Estado ocorreu o crescimento vertiginoso do fundamentalismo religioso, aquele iniciado pelo neopentecostais que transformou a ingenuidade e crença do povo em fonte inesgotável de ganhar dinheiro. São perfeitas lavanderias de dinheiro, não há como controlar quanto arrecadam nos cultos e com as doações e investem maciçamente em comunicação.

A bancada evangélica está reivindicando isenção total de taxas e impostos para as igrejas. Em São Paulo, por exemplo, não pagam IPTU, no Rio de Janeiro, são isentos dos impostos estaduais e municipais. No âmbito federal, já conseguiram isenção do ICMS até 2032. O Messias deles, no comando do governo, tentou isentá-los da conta de luz. Pode? Absurdo tão grande não colou. Entretanto, poderá dar o Imposto de Renda.

---

[42] Disponível em: https://g1.globo.com/politica/noticia/2019/07/10/bolsonaro-diz-que-vai-indicar-ministro-terrivelmente-evangelico-para-o-stf.ghtml.

Investem também na formação de quadros políticos e na conquista de cadeiras no Poder Legislativo e visam agora o Executivo. A *Revista Carta Capital* de 6 de setembro de 2014 deu uma ideia do poder político dessas seitas, que juntas somam mais de 42 milhões de fiéis, 22.2% da população.

Assembleia de Deus	10.3 milhões de fiéis
Associação Vitória em Cristo	10.3 milhões de fiéis
Convenção Geral das Assembleias de Deus	10.3 milhões
Igreja Universal do Reino de Deus	1.8 milhão
Igreja do Evangelho Quadrangular	1.7 milhão
Sara nossa terra	300 mil
Assembleia de Deus Madureira	43 mil

Os católicos que já foram de 70 a 80% (que se declaram) agora estão em torno de 64.6%. Note-se que os umbandistas, geralmente, declaram-se como católicos.

Para a conquista do Poder Legislativo, eles participaram com 193 candidatos em 2010 e com 270 em 2014 e se propunham incrementar em 30%, a já grande bancada evangélica, com 73 parlamentares (71 deputados e dois senadores). Em 2018, elegeram 105 deputados e 16 senadores, equivalente a 20% do Congresso.

Também possuem significativas bancadas nas Assembleias Legislativas estaduais, difícil de contabilizar, e já elegeram uns dez mil vereadores.

O PODER GOSPEL DE COMUNICAÇÃO

A Música Gospel[43] recebe influência negra nos Estados Unidos — *Spirituals, blues, ragtime, labor songs* — e ganha grande popularidade no território e mundialmente. O Gospel aparece na Nossa América como uma manifestação cultural modernizadora num contexto de extremo conservadorismo. E eles entram com técnicas avançadas de comunicação, utilizando as mais diversas manifestações culturais e todos os meios possíveis. Eles praticam o que denominam Guerra Espiritual, praticando exorcismos e curas milagrosas, e promovem espetáculos musicais e marchas religiosas de massa.

Com o advento da convergência tecnológica, aumentou o poder de comunicação e penetração com a utilização de todas as mídias. Eles possuem empresas especializadas na produção de vídeos, discos, impressão de jornais e revistas e manejo da internet. Os chamados televangelistas se tornaram famosos e evoluíram hoje para uma autêntica igreja eletrônica, ou igreja virtual, num contexto de mercado. Como tudo é mercado, a fé também é mercadoria para dar grandes lucros.

Vale citar o exemplo do pastor Bill Bright que ajudou a fundar nos anos 1950 a *Christian Freedom Foudation*, criada para disseminar o anticomunismo entre os jovens, em 1985, comandou o programa *Explo-85*, que foi transmitido simultaneamente por 18 satélites, cobrindo 2/3 do globo terrestre. A autora lembra que também Billy Graham, televangelista mundialmente conhecido, era notório anticomunista e apoiava os governos reacionários mundo afora.

Esses pregadores inspiraram os pastores brasileiros que se tornaram não só estrelas midiáticas, como se transformaram em poderosos proprietários de meios. O pioneiro entre eles foi Nilson do Amaral Fanini, pastor da Igreja Batista. Em 1982, um de seus cultos no Maracanã contou com a presença do então presidente da República, o general João Figueiredo (1979-1985), e, em 1983, o general de turno na Presidência lhe concedeu um canal de TV, Canal 13 do Rio, o qual era cobiçado pela ainda poderosa Editora Abril (JENIFER, 2016).

---

[43] Gospel é evangelho em inglês.

Grandes gravadoras, como a Sony Music e a Universal Music, criaram selos específicos para o lançamento dos artistas da chamada música gospel. Hoje, estima-se que o mercado gospel chegue a movimentar cerca de 15 bilhões de reais por ano com a venda de produtos de conteúdo religioso, como livros, CDs e DVDs, principalmente de música.

No Brasil, dados do Instituto de Estudo da Religião, de 2009, indicam que as igrejas já se apoderaram de 20 redes de TV, que transmitem programas religiosos, sendo 11 neopentecostais e 9 católicos. A Igreja Universal controla 20 emissoras de TV, entre elas, a segunda maior rede, a Record, controla também 40 emissoras de rádio, possui uma gravadora e várias editoras que imprimem livros, jornais e revistas com proselitismo religioso. Além das redes próprias, utilizam horário comprado na TV Bandeirante na TV Gazeta, com mais de 30 horas semanais. Outra igreja, a Mundial do Poder de Deus, adquiriu 1.6 mil horas mensais na televisão, 23 horas na Rede 21 da Bandeirante. Rompeu com a Band, arrendou 11 horas na Rede Brasil e em dezembro de 2021 comprou 22 horas diárias no canal 32. Comprou a TV6 na Grande São Paulo.

PERSUADIR

As teorias e as técnicas são antigas. O que muda são as circunstâncias e os instrumentos de operação. Hoje, com a convergência tecnológica nas comunicações, os profissionais envolvidos tiveram que se aperfeiçoar e conviver com novos profissionais. Com isso, agregaram eficiência tornando as técnicas mais eficazes, ou seja, com resultados.

Joseph Goebbels, considerado o responsável pela Comunicação do *III Reich*, aperfeiçoou-se em demonizar e desumanizar a tal ponto quem não estava de acordo (o "inimigo") que convenceu as pessoas de que era, sim, necessário, ou aceitável, acabar com os comunistas, com os ciganos e os judeus.

Goebbels, há que considerar, aprendeu com Mussolini, este, sim, jornalista e grande comunicador, admirado e invejado por Hitler e seus mais próximos. Só que os alemães foram uma caricatura dos italianos e levaram a questão da eugenia ao extremo.

Hoje, propiciar o caos pode…

Temos que refletir sobre o verdadeiro sentido e os efeitos político, social, econômico e até históricos provocados pelas TIC associada à inteligência artificial. Se elas não estão sendo usadas contra todos os valores mais altos consagrados mundialmente pela humanidade. Verdade e razão se dissolvem no ar.

GOSPEL NA ELEIÇÃO DE 2018

Por iniciativa do pastor Franklin Ferreira, antes do segundo turno da eleição presidencial, foi divulgada uma Carta Aberta à Igreja Brasileira, mais apropriadamente um abaixo-assinado por uma centena de representantes de diferentes denominações de vários estados, inclusive o DF (Brasília).

> Que o Senhor Deus Tri único, conduza em suas campanhas, os candidatos honestos, bem intencionados moralidade, com candidatos Honestos, bem intencionados, comprometido com a transparência e a moralidade, com princípios virtuosos de vida em sociedade e com uma visão cristã de mundo, a fim de que estes consigam ser eleitos aos cargos a que concorrem.[44]

Depois de mais alguns parágrafos, listam as Recomendações, em que, além da defesa da vida desde a concepção (contra o aborto), pede que "Repudie qualquer ideologia que se oponha aos princípios do Reino de Deus, isto é, à mensagem e aos ensinamentos da Bíblia".

Entre a miríade de pastores e denominações evangélicas, pentecostais e neopentecostais, há um grupo de grande exposição na mídia que aparece sempre junto aos membros do governo de ocupação. Vale mencioná-los:

Edir Macedo, o mais conhecido e o mais rico dos pastores. Já foi condenado várias vezes por estelionato. Líder da Igreja Universal do Reino de Deus aparece na lista da revista *Forbes* com uma fortuna avaliada em R$ 2 bilhões. É dono da TV Record e Record News, além de várias emissoras de rádio e do jornal *Folha Universal*.

Silas Malafaia tem um programa Vitória em Cristo em rádios e vídeos, presidente da Assembleia de Deus Vitória em Cristo. Segundo a Receita Federal, é sócio em 116 empresas, entre elas a Central Gospel Music e a Editora Central Gospel. Segundo a revista *Forbes*, possui uma fortuna de R$ 300 milhões. No sábado, 8 de fevereiro, o evento *The Send Brasil* lotou de gente o Estádio Mané Garrincha em Brasília. Organizado por várias organizações como *Dunamis Movement* e o *Christ For All Nations USA*, durou 12 horas e foi realizado simultaneamente em São Paulo na Arena Allianz Parque e no Estádio do Morumbi. Mais de 100 pregadores compareceram.

---

[44] Disponível em: https://iccg.com.br/carta.pdf.

Entre os organizadores, Téo Hayashi, pastor da *Zion Church*, em São Paulo, e líder do *Dunamis*, um movimento cristão, para-eclesiástico, cujo foco é um avivamento sustentável, com sede na Florida.

Valdemiro Santiago, da Igreja Mundial do Poder de Deus, deixou a Universal para fundar a própria igreja em 1998, é o segundo mais rico na lista da *Forbes*, com fortuna de R$ 400 milhões. Durante a campanha eleitoral, viajou pelo Nordeste do país pedindo voto para o candidato do minúsculo PSL em redutos tradicionais de Lula.

Estevan Hernandes e a bispa Sônia, sua mulher, da Igreja Renascer, já acumularam R$ 120 milhões, possuem mais de mil igrejas no Brasil e nos EUA, em Miami. Autointitula-se de apóstolo e foi quem idealizou as Marchas para Jesus para o Brasil, a primeira realizada em 1993 e que em 2019 reuniu três milhões de pessoas em 12 horas e serviu de palanque para ocupante do Planalto, capitão Bolsonaro. *"Nós temos a verdade e o povo maravilhoso ao nosso lado, que são vocês. Não mais amigos agora, irmãos"*, disse para a multidão. A igreja Renascer também foi pioneira em utilizar a música como instrumento de culto e introduzir os ritmos de moda na música gospel.

Marco Antonio Feliciano, deputado federal pelo Partido Social Cristão (PSC) desde 2011, pastor e presidente, Igreja Assembleia de Deus, Orlândia-SP, fundador da Catedral do Avivamento, ligada à Assembleia de Deus. Membro da *Internacional Union of Pastors and Volunteer Chaplains International Headquarters* (Unipas). Vários livros religiosos e de autoajuda publicados. Em dezembro de 2019, o partido Podemos, pelo qual foi eleito, expulsou-o por apoiar irrestritamente o governo de ocupação. A direção do partido se diz independente. Contra ele pesava também o fato de ter pedido e recebido reembolso da Câmara Federal de R$ 157 mil por um tratamento dentário. Orgulhoso pela expulsão, anunciou que irá para o Aliança pelo Brasil, em formação.

R.R. Soares ou Romildo Ribeiro Soares fundou a Igreja Internacional da Graça de Deus, igreja evangélica neopentecostal, acumulou, segundo a *Forbes*, R$ 250 milhões. Dissidente da Universal, é cunhado de Edir Macedo. Dois filhos do missionário estão na política e apoiam o governo, deputado federal Davi Soares e ex-parlamentar Marcos Soares. Em 1980, fundou a igreja em Duque de Caxias, Grande Rio, e hoje tem mais de 900 igrejas espalhadas pelo Brasil. "Nosso manual de conduta é a Bíblia Sagrada, nada mais"[45], segundo pregação do missionário.

---

[45] Disponível em: https://paxprofundis.org/livros/rrsoares/rrsoares.htm.

Magno Malta, pastor e cantor evangélico, foi vereador, deputado estadual e federal, senador (2003-2019) pelo Partido Republicano (PR) do Espírito Santo. Fez campanha em favor do capitão Bolsonaro, mas não conseguiu reeleger-se em 2018. Seu sonho era ser chanceler da República. Em fevereiro de 2020, a deputado federal Lauriete Malta pediu desfiliação do Partido Liberal (PL) sem perda de mandato alegando não poder conviver no partido que é controlado por seu ex-marido Magno Malta. A Justiça aprovou. A pastora Damares Alves, antes de ser indicada para o recém--criado Ministério da Mulher, Família e Direitos Humanos, era assessora do senador Magno Malta.

OS PERSONAGENS

Marina Silva – adepta da Assembleia de Deus, eleita vereadora no Rio Branco, Acre, 1989, deputada estadual em 1991, senadora em 1995 e de novo em 2003. De 2003 a 2008, foi ministra do Meio Ambiente do governo Lula. Duas vezes candidata à presidência da República (2010 e 2014), conseguiu em torno de 20% dos votos, com o apoio do Ministério Internacional da Restauração (MIR) do Conselho Internacional de Pastores e Ministros do Estado de São Paulo, da Assembleia de Deus dos Últimos Dias, e da Assembleia de Deus Ministério Vitória em Cristo.

Antony Garotinho – evangélico, lançou-se na política sendo radialista de cunho político religioso. Foi por duas vezes prefeito de Campos dos Goitacazes (RJ) e, com apoio de Leonel Brizola, foi eleito em 1998 governador do estado do Rio e em 2010 garantiu a eleição de sua mulher, Rosinha Garotinho. É sintomático que Antony Garotinho tenha sido filiado ao PT, PDT, PSB, PMDB e finalmente ao PR que integra a bancada evangélica. Também sua esposa migrou do PDT para o PSB, PMDB para terminar no PR.

Marcelo Crivella – atual prefeito do Rio de Janeiro, eleito duas vezes senador pelo PRB, é outro político importante oriundo de seitas evangélicas. É cantor gospel e bispo da igreja neopentecostal Universal do Reino de Deus, além de ser sobrinho do bispo Edir Macedo, fundador da seita. Já disputou sem sucesso duas vezes o governo do estado. George Hilton, do PRB/MG, ministro do Esporte no governo Dilma, teve a responsabilidade de organizar as Olimpíadas de 2016. Os pastores de Edir Macedo também emplacaram as secretarias estaduais de esporte de São Paulo e Minas Gerais. No Rio, em fevereiro de 2020, o Ministério Público abriu investigação para ver se foi legal a participação do prefeito Crivella, junto com o juiz Marcelo Bretas, em um evento gospel com a participação do presidente. Ocorre que Bretas, da 7ª Vara, é o encarregado da Lava Jato no Rio.

Como se vê, tudo se conecta.

O PODER POLÍTICO GOSPEL

Cinco partidos estão sob o comando de evangélicos, não obstante, os evangélicos estão presentes em 16 partidos cujos membros engrossam a Frente Parlamentar Evangélica.

Partido Social Cristão (PSC) – criado em 1990, estatutariamente se define como sustentado na Doutrina Social Cristã e é vinculado à Assembleia de Deus. Nas campanhas, defende a vida e a moral evangélica. Em 2014, concorreu à eleição presidencial com o pastor Everardo Pereira, presidente do partido. Em 2018, elegeu o governador Wilson Witzel no Rio de Janeiro e Wilson Lima no Amazonas e nove deputados federais. Witzel, embora eleito com apoio evangélico, exibe-se com os policiais da PM dando tiros em bandidos. Nas eleições, fundado e presidido por Vítor Jorge Abdala Nósseis, esteve envolvido em escândalo por pagar prostitutas com dinheiro do partido. Hoje, é presidido pelo pastor Everaldo da Assembleia de Deus e senador pelo Rio de Janeiro. Em 2020, elegeu 116 prefeitos.

Partido Progressista Cristão (PPC) – criado em Brasília em 1997, pelo advogado e pastos evangelista Eurípedes José de Farias, tendo Jesus Cristo como patrono, posto que foi fundado atendendo um chamado de Deus para organizar a nação brasileira. Proclama-se anticapitalista e anticomunista. Na definição da ideologia, diz que "Os militantes do PPC têm o conhecimento que há o tempo propício para implantar e o tempo para a colheita. E hoje falar em construir uma sociedade igualitária como queremos parece no primeiro momento uma utopia, mas que é hora de semear como nos ensinou Cristo". Pelo sítio, só existe no Ceará.

Republicanos – Partido Republicano Brasileiro (PRB) – criado em 2003, conseguiu registro depois de dois anos e mudou de nome em 2019. Entre os personagens do partido está o empresário mineiro José de Alencar que foi vice-presidente de Lula (2006-2009); deputado Marcos Pereira, vice-presidente da Câmara de Deputados e o prefeito do Rio de Janeiro Marcelo Crivella em 2016, todos da Iurd. Com 31 deputados federais, era a maior bancada. Atualmente, conta com dez deputados. Controlado pela Igreja Universal do Reino de Deus (Iurd), o partido cresce a cada eleição, de 54 prefeitos passou para 106 em 2016; o mesmo salto entre os vereadores que passou de 780 para 1.604. Marcos Pereira foi ministro da Industria e Comercio Exterior do governo interino de Michel Temer. Na votação do impedimento da Dilma, a bancada, então com 21 parlamentares, votou em peso pela destituição da presidenta. Em 2020, elegeu 211 prefeitos e de novo Macelo Crivella.

O manifesto e programa dos Republicanos foge do lameirão doutrinário religioso e propõe um modelo que não passa de uma reafirmação do *status quo*, com ênfase na propriedade privada e inclusive no ensino público pago. Proclama-se defensor da soberania nacional, o que soa como falácia, posto que apoiam um governo de ocupação a serviço de interesses de uma potência hemisférica.

Partido da República e Ordem Social (Pros) – foi fundado pelo evangélico Eurípedes Júnior, atual presidente, filho da pastora Aparecida dos Santos Balieiro da igreja Aliança Evangélica Missionária, fundada pelo pastor Carlos Sant'Anna. Em março de 2022 a Justiça determinou a destituição de Eurípedes Júnior da presidência do partido, acusado por seus pares de "desmandos e ilegalidades", um policial civil aposentado. Segundo o *Diário do Poder*, o fundador da legenda sumiu com um helicóptero e bens avaliados em R$ 50 milhões[46].

Não obstante, o Pros tem assumido posições progressistas só apoiando a bancada evangélica em questões da crença. Em 2014, apoiou o governo Dilma, não apoiou a candidatura do PSL e inaugurou o ano legislativo com dez deputados federais e três senadores. Entre os famosos está o ex-presidente e atual senador Fernando Collor de Mello. Em 2018, apoiou a candidatura do ex-governador do Paraná, Álvaro Dias do Podemos, a presidente e elegeu dois deputados federais, os quais já trocaram de partido.

Partido Trabalhista Cristão (PTC) – fundado por Daniel Tourinho em 1985, em 2018 o PTC concorreu com 38 candidatos ao legislativo. No Amazonas, é presido pelo apóstolo César Marques do PTC, adepto de uma Teologia do Reino, focada em missões evangelizadoras. Elegeu dois deputados federais, Benes Leocádio (PTC/RN) e Dr.ª Marina (PTC/PI). PTC concorreu com 38 candidatos para o legislativo federal. Trata-se, na realidade, de mais uma agruparão liberal disfarçada de progressista.

Partido Cristão (PC) – o partido da família tradicional brasileira se diz defender o estado laico. O presidente, Ronaldo Moreno, profissional da comunicação. Criado em 1990, nesse mesmo ano elegeu Geraldo Bulhões governador de Alagoas. O novo Partido Cristão (PC) diz que trabalha para

---

[46] Aliança Evangélica Missionária – https://diariodopoder.com.br/brasil-e-regioes/pros-acusa-seu-fundador-de-sumir-com-helicoptero-e-bens-avaliados-em-r50-milhoes.

promover os valores da família tradicional no Brasil. O PC discorda da suposta "pauta progressista" que tenta impor ideias contrárias ao que pensa a maioria da sociedade brasileira. É contra a legalização das drogas, contra o voto obrigatório, contra a teoria de gênero, contra união homoafetiva, contra o ativismo gay. Na questão de gênero, sugere que a família processo o professor pelo ensino da ideologia de gênero.

Partido Ecológico Nacional (PEN) – fundado e presidido por Adilson Barroso, um líder da Assembleia de Deus. Apoiou a candidatura do PSDB em 2018 quando elegeu 5 deputados federais e 15 estaduais. Discurso bem afinado com a nova direita fundamentalista, anticomunista, antipetista, militarista, antiglobalista e apoio ostensivo ao governo de ocupação

Patriota – concorreu nas eleições parlamentares com 44 candidatos evangélicos. Concorreu à presidência com o cabo Daciolo, bombeiro que, apesar de militar (bombeiro), fez campanha com discurso religioso.

Avante – não é propriamente um partido cristão, mas integrava a frente evangélica. Formado por dissidentes do PTB e do PTdoB, eleito deputado federal pelo Rio de Janeiro, o evangélico Cabo Daciolo deixou o partido para candidatar-se à Presidência pelo Patriota. Também deixou a bancada evangélica por discordar das posições políticas. Outro militar evangélico, sargento Isidório, pastor da Assembleia de Deus, foi o deputado estadual mais votado na Bahia.

FRENTE PARLAMENTAR EVANGÉLICA

A Bancada Evangélica ou Frente Parlamentar Evangélica vem crescendo exponencialmente. Em 2010, elegeram 73 parlamentares, sendo 70 deputados e 3 senadores evangélicos. Na legislatura anterior, eleita em 2006, eram apenas 36 integrantes. Os partidos que mais elegeram foram o PSC e PR, com 11; o PRB, partido do então vice-presidente José de Alencar, com 10; o PMDB, com 9; PSDB, com 7; o PT, com 3.

Na seguinte, eleitos em 2014, já somaram 75 deputados e os 3 senadores já empossados. Em 2018, com a operação de inteligência para captura do poder pelas forças armadas, os evangélicos explodiram na onda bolsonarista. No Senado, foram de 3 para 7 parlamentares. Na Câmara dos Deputados, 40 foram reeleitos e 44 novos assumiram perfazendo 84 parlamentares. Trinta e quatro não conseguiram se reeleger.

Juntando a Bancada da *Bíblia*, com as demais bancadas do B: Boi e Bala, a direita que apoio o governo tem folgada maioria para realizar seus projetos no Legislativo. A onda produziu alguns fenômenos. Eduardo Bolsonaro (PSL-AP), que no pleito anterior, 2014, teve 82 mil votos, nesse bateu o recorde com 1.8 milhão de votos. Joice Hasselmann, também do PSL de São Paulo, uma jornalista sem expressão, elegeu-se com 1.07 milhão de votos. Todos os eleitos que alcançaram o quociente eleitoral são líderes em suas comunidades evangélicas.

Os candidatos, e obviamente os parlamentares, são corporativos, ou seja, são representantes oficiais das denominações a que pertencem. Fiéis à *Bíblia*, eleitos com a bandeira de moralização, no entanto, não estão isentos de imoralidade. Deputados estiveram envolvidos no esquema de compra de votos que ficou conhecido como "mensalão", outros na máfia dos "sanguessugas", que superfaturava ambulâncias adquiridas pelo Ministério da Saúde. Cerca de 30 deputados da Assembleia de Deus e da IURD envolvidos nas tramoias.

ALIANÇA PELO BRASIL – NOVO PARTIDO DE DEUS

Partido em formação em tempo recorde, mais um partido de Deus... e esse feito pelo próprio Messias, Jair Messias Bolsonaro, capitão expulso do Exército, com 17 anos de um mandato inútil na Câmara Federal e, desde janeiro de 2019, ocupando a Presidência da República, na qual chegou por meio de uma bem planejada operação de inteligência, em outras palavras, fraude, ou seja, golpe.

Partidos em formação, à espera de aprovação pelo Tribunal Superior Eleitoral, são nada menos que 77 que, se aprovados, se somarão aos já 33 em funcionamento, já demasiado para nossa partidocracia ingovernável. O Aliança é o 78º, chegou por último e será o primeiro a ser aprovado. Como? Fraudando, claro.

Duas coisas, que se leu na mídia sem nenhum juízo crítico, noticiadas como normais, são à luz da razão, criminosas por serem ilegais. Se são ilegais é fraude. O primeiro é o fato de terem sido mobilizados os cartórios, em todo o Brasil, para atuarem no recebimento e validação das fichas de inscritos no novo partido. E fazem mais que isso. Fazem campanha chamando as pessoas, fazendo propaganda do novo partido. Cartórios são instituições privadas, mas de fé pública e dados em concessão pelo poder central. São nove mil em todo o país. Veja: o Brasil é o único país do mundo em que se exige que se reconheça assinaturas por cartórios. Em país civilizado, sua assinatura vale como documento. Cartórios são muito ricos, porque têm o monopólio e podem cobrar o que lhes dá na gana até para o reconhecimento de uma simples assinatura.

Em segundo lugar está o fato de as igrejas neopentecostais estarem chamando seus fiéis, descaradamente, para se inscreverem no novo partido de Deus. Essas igrejas, além de terem muito dinheiro, têm o poder da fé. O crente segue a indicação sem pestanejar e são raras as exceções.

Reportagem de Daniel Weterman (*Estadão*, 29/01/20) revela como as coisas são feitas. Em Londrina, norte do Paraná, o pastor Emerson Patriota pediu, durante os cultos, para os fiéis assinarem as fichas, e o cartório estava ali junto para recolhê-las e homologá-las. No enorme estacionamento ao lado da igreja, um ônibus, desses de turismo, com faixas do Aliança pelo Brasil. No Recife e em Olinda, os cartórios participaram de um encontro de apoiadores do novo partido.

Para registrar um partido é preciso recolher assinaturas de 492 mil eleitores com os dados básicos do cidadão. Num universo de 20 ou 30 milhões de crentes, o novo partido leva uma tremenda vantagem.

A escolha do nome Aliança para o partido tem também tudo a ver num universo em que se impõe uma Aliança Evangélica como conglomerado de várias denominações evangélicas de origem nos Estados Unidos. A essa se somam a Aliança Internacional Gospel e Aliança Evangélica Missionária.

Nem bem lançada, essa Aliança mostra pra que veio. Paulo Skaf, presidente da poderosa Fiesp, entidade que em suas mãos só apoia causas reacionárias e golpistas, em encontro com o Messias, em janeiro de 2020, anunciou que vai assumir a presidência do Diretório Regional de São Paulo dessa nova Aliança. A Fiesp é muito rica e seu poder aumentou depois que o governo de ocupação extinguiu o Imposto Sindical, tirou dos sindicatos de trabalhadores sua fonte de ingresso, condenando-os à mingua e ao desespero.

RESULTADO ELEITORAIS, AS BANCADAS DE DEUS – 2014 E 2018

Não computamos neste estudo sobre a frente de partidos de Deus os cristãos católicos romanos, posto que o foco deste trabalho é mostrar como se dá o controle de Washington sobre nossa política por meio de partidos instituídos por denominações religiosas criadas por eles. De computar-se, aumenta substancialmente o conservadorismo entre os parlamentares.

Assembleia de Deus	17	27
Assembleia de Deus Missão Vida	0	1
Ministério Vitória em Cristo	1	1
IURD Universal	6	17
Batista	4	8
Batista Nacional	0	2
Quadrangular	4	3
Metodista	2	1
Presbiteriana	3	4
Maranata		1
Mundial	2	0
Luterana	1	3
Catedral do Avivamento	1	1
Catedral do Reino de Deus	1	0
Internacional da Graça de Deus	1	3
Evangelho Quadrangular	0	4
Evangelho Eterno	0	1
Evangelho Pleno	0	1
Congregação Cristã	1	1
Nosso Senhor Jesus Cristo Cristino	0	1
Nova Vida	1	1
Fonte da Vida	1	0

Fazei Discípulos	0	1
O Brasil para Cristo	1	1
Sara Nossa Terra	1	0
Assembleia de Deus	17	27
Assembleia de Deus Missão Vida	0	1
Ministério Vitória em Cristo	1	1
IURD Universal	6	17
Batista	4	8
Batista Naciona	10	2
Quadrangular	4	3
Metodista	2	1
Presbiteriana	3	4
Maranata	1	2
Mundial	2	0
Luterana	1	3
Catedral do Avivamento	1	1
Catedral do Reino de Deus	1	0
Internacional da Graça de Deus	1	3
Evangelho Quadrangular	0	4
Evangelho Eterno	0	1
Evangelho Pleno	0	
Congregação Cristã	1	1
Nosso Senhor Jesus Cristo Cristino	0	1
Nova Vida	1	1
Fonte da Vida	1	0
Fazei Discípulos	0	1
O Brasil para Cristo	1	1
Sara Nossa Terra	1	0

Gráfico 1 – Bancada Evangélica por Partido 2018

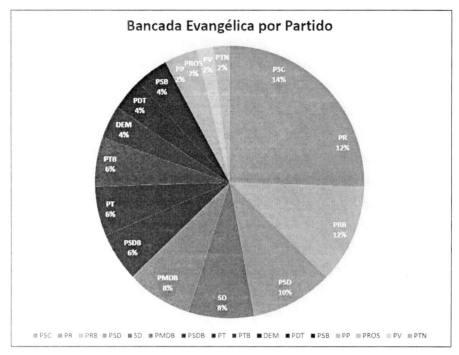

Fonte: eleicoeshoje.com.br

Bancada Evangélica por Partido – 2022 – 181 deputados	
Pl	41
Republicanos	26
PSD	23
União	20
MDB	16
PP	15
PSDB	8
PSC	5
PT	4
Patriota	4

Avante	4
Solidariedade	3
PSB	3
PTB	2
PROS	2
PDT	1
Podemos	1
Novo	1
Cidadania	1
Bancada Evangélica por Partido – 2022 – 8 senadores	
PSC	2
PSDB	1
Podemos	1
PL	2
PSD	2

Nas Assembleias Legislativas, conquistaram maior espaço nos estados da Região Norte. No Acre, com a maior população evangélica do país, 33%, ocupam no legislativo exatamente os 33%. No Amapá, onde a população dos crentes é de 28%, os deputados constituem 25% do total de assentos. Constituem 28% da população de Rondônia e fizeram 17% dos deputados. Nos estados mais populosos e ricos, essa proporção diminui: Rio de Janeiro, com 29% da população, tem 21% de deputados e em São Paulo, 24% da população para 11% de deputados. Em proporções menores estão em 14 estados e nas Câmaras Municipais. Destas ainda não há uma contabilidade confiável, mas se estima ultrapassam os dez mil. No Rio, os evangélicos têm 25% do eleitorado. É muita coisa. Marcelo Crivella e Sergio Cabral dividem esses votos.

Tal o poder dos evangélicos e a falta de sentido comum dos membros do parlamento que em 2013 a Câmara Federal elegeu para presidir a Comissão de Direitos Humanos e Minorias o deputado do PSC de São Paulo, Marco Feliciano, pastor da igreja Assembleia de Deus – Catedral do

Avivamento, conhecido por sua pregação homofóbica e racista. Ele foi eleito com nada menos que 211 mil votos na eleição de 2010. O Silas Malafaia, dos pentecostais eleito com muitos votos, impõe seus critérios para votar com o governo na Câmara.

O mais conhecido entre todos, ainda que não conduza o maior número de fiéis, é o Edir Macedo, da Igreja Universal do Reino de Deus. Homem de riquezas incalculáveis, pois não há como controlar a coleta de dízimos, tem propriedades suntuosas, de invejar o Billy Gates, no Brasil e nos Estados Unidos.

Em 31 de julho de 2014, inaugurou ciclópico Templo de Salomão, em terreno de 10 mil metros quadrados, no centro da cidade de São Paulo. Tem altura de 56 metros e a nave tem capacidade para 10 mil fiéis, com estacionamento ao lado capaz de receber 2 mil automóveis. O altar é uma réplica da Arca da Aliança, e pelas paredes uma profusão de símbolos sionistas. A solenidade de inauguração contou com a presença da presidenta da República, Dilma Rousseff, o governador do estado, Geraldo Alckmin, e autoridades militares e do judiciário. O templo foi construído com alvará de reforma, o que significou uma sonegação equivalente a 35 milhões de reais à prefeitura municipal. A que serve tanto poder?

Pesquisa realizada pelo Iser[47], em parceria com a Fundação Heinrich Boll e com o Instituto Clima e Sociedade, investigou as candidaturas religiosas no Rio de Janeiro e em São Paulo, revelando a força dos evangélicos. Dos 250 candidatos inscritos ou apoiados pelos evangélicos no Rio de Janeiro e São Paulo, 23% foram eleitos. É, sem dúvida, uma excelente *performance*. Eles são 13% na Alesp e 24% na Alerj. Ademais, elegeram 30% dos deputados federais cariocas.

---

[47] CUNHA, Cristina Vital. Entrevista à Agência Pública – Mudança de estratégia nas candidaturas evangélicas ajudou a eleger Bolsonaro – 5/12/2018. Disponível em: https://apublica-org/2018/12/mudanca-de-estrategia-nas-candidaturas-evangelicas-ajudou-a-eleger-bolsonaro/.

O PODER MILITAR GOSPEL – EVANGELIZAÇÃO PENTECOSTAL DOS MILITARES

Do ponto de vista da democracia representativa em vigor, a conquista do poder não se faz sem os militares — com eles, numa boa, ou derrotando-os numa guerra popular, ou uma invasão por uma potência militar como fizeram no Iraque e na Líbia.

A história do Brasil Republicano é a de uma sucessão de quarteladas, golpes de estado, ditaduras militares e intervalos de democracias a meias, com governos que nunca conseguiram alterar o sistema no seu âmago, que é o domínio oligárquico e submisso ao império da vez. Houve um tempo em que a Igreja de Roma, aliada sempre ao poder, conduzia hegemonicamente a doutrinação entre os militares. Isso acabou faz tempo.

Assim sendo, a Nova Roma, no desenho de sua estratégia de dominar o Brasil, cuidou, além da conquista do espaço na política, o controle do meio castrense, incluindo forças de segurança estaduais e as forças armadas como um todo.

A hegemonia no meio militar, ao que parece, é de denominações filiadas à Assembleia de Deus. A iniciativa coube à *Association of Military Christian Fellowships* — Associação Mundial de Militares Cristãos —, cujas representações no Brasil realizam encontros, congressos e promovem a organização dos militares. Começaram a organizar com os militares de mais alta hierarquia e foram ampliando o espectro até atingir os praças e até os civis que trabalham na instituição castrense.

Vale lembrar que em maio de 2016, enquanto, o Senado "pegava fogo" com a discussão do impedimento da presidenta Dilma Rousseff, o deputado federal Jair Bolsonaro (PSC) se fazia batizar no Rio Jordão, pelo pastor Everaldo, da Assembleia de Deus, presidente da legenda.

O deputado estava acompanhado do deputado federal Eduardo Bolsonaro (SP), os deputados estaduais Flávio Bolsonaro, Felipe Soares, do Rio de Janeiro e Noraldino Júnior de Minas Gerais, o vereador Carlos Bolsonaro (RJ) e a secretária de desenvolvimento do Ceará, Nicolle Barbosa. De lá, participou das cerimônias de celebração de 68 anos da fundação de Israel, comemorou e saudou os brasileiros pelo afastamento da presidenta.

Flávio Bolsonaro é membro de uma igreja batista e a esposa de Jair Bolsonaro, Michelle de Paula Firmo Reinaldo, é da Assembleia de Deus Vitória em Cristo. O casamento de Jair com Michelle, 27 anos mais nova que ele, foi celebrado em 21 de março de 2013 pelo pastor evangélico Silas Malafaia.

Às vésperas do segundo turno, já se sabia que mais da metade dos votos dos evangélicos iria para o candidato do então minúsculo PSL. A candidata da Rede, Marina Silva, que contava com o voto evangélico por ser crente, não alcançou nem 1% dos votos. Há que agregar o Programa Nacional de Escolas Cívico-Militares de militarização da escola pública. A direção da escola é entregue a um oficial das forças armadas ou das polícias militares estaduais. Além da disciplina militar, o criacionismo bíblico, no qual a direção está em mãos de oficiais fiéis a uma das denominações evangélicas. As nove que já estão funcionando o governo quer agregar 19 instituições da Região Norte, 12 do Sul, 10 do Centro-Oeste, oito do Nordeste e cinco do Sudeste. Um perigo. Conhecendo a mentalidade dos militares, principalmente dos oficiais da PM, corremos o risco de saírem dessas escolas milicianos fascistas, educados para matar.

JUVENTUDE MILITAR EVANGÉLICA

Jovens cristãos das escolas militares do Brasil se reúnem, anualmente, no Encontro de Grupos Evangélicos das Forças Armadas — o Egefa. Em 2019, a 9ª edição do evento ocorreu em Minas Gerais, entre os dias 28 de abril e 1º de maio. São jovens batistas, metodistas e presbiterianos, pentecostais e neopentecostais.

O encontro tem como objetivo promover a integração espiritual entre as escolas de formação e uma visão única sobre o reino de Deus. A proposta é difundir mensagens cristãs para capacitar espiritualmente cada aluno durante o período escolar e após sua formação.

Não se pode deixar de considerar que o projeto de militarização da escola pública em execução está associado ao criacionismo bíblico no ensino, disfarçado de escola sem partido. Além da disciplina militar, a "moral" evangélica imposta às nossas crianças. O mais grave nesse projeto é que a direção das escolas é colocada em mãos de oficiais da PM estaduais. Sabemos a mentalidade desses oficiais que obrigam seus subordinados a marchar aos gritos de palavras de cunho racista e homofóbico, tratando o outro como inimigo a ser eliminado.

Em Brasília, a meta do governo distrital era fechar 2019 com 4 escolas já militarizadas, objetivando construir mais 36, totalizando 40, correspondente a 6% das 693 unidades existentes e recebeu ajuda de R$ 10 milhões do Ministério da Educação. O Regulamento dos Colégios Militares[48], diz tratar-se de *"organizações militares que funcionam como estabelecimentos de ensino de educação básica [...] com o objetivo de capacitar os alunos para ingressar em estabelecimentos de ensino militares, como as escolas de cadete".*

Maria Picarelli, em artigo na revista Educação, lembra que:

> *A Constituição, a Lei de Diretrizes e Bases da Educação Nacional (LDB), a Base Nacional Comum Curricular (BNCC), o Plano Nacional de Educação (PNE), enfim, os principais instrumentos legais que norteiam a educação brasileira preconizam que a educação deve promover sujeitos autônomos e críticos.*

---

[48] Disponível em: www.cmb.eb.mil.br/index.php/secretaria/send/38-legiislacao/251-regulamento-dos-colegios-militares-r-69.

> *Contudo, o modelo militar vai justamente contra essa concepção de educação, ancorada na legislação brasileira. Ao mesmo tempo, contraria o sentido do que é educação, na visão de estudiosos como Vitor Paro, professor titular aposentado da Faculdade de Educação da Universidade de São Paulo (USP).*
>
> A educação não é transmissão de cultura, como se acredita no senso comum. Educação é a apropriação de conhecimentos, porque o indivíduo só aprende se tiver vontade e decide aprender", analisa Paro. O desafio que se coloca para a escola, portanto, é propiciar condições para que a criança e o jovem queiram aprender. "Numa escola onde os estudantes querem e gostam de aprender não existe violência nem preguiça. É preciso levar o educando a querer aprender (PICARELLI, 2019, s/p).

Em agosto de 2019, o Ministério da Educação informou que já estão funcionando 203 escolas no país e que a intenção é militarizar mais 216 escolas, 54 a cada ano até 2023 e conta, para isso, com um orçamento de R$ 54 milhões. Serão destacados 20 militares para cada mil alunos.

UNIÃO DE MILITARES CRISTÃOS EVANGÉLICOS DO BRASIL (UNCEB)

Surgiu em 1979 como Associação de Oficiais Evangélicos, posteriormente Associação de Oficiais Cristãos e finalmente Unceb. Fundada pelo pastor militar Euclides Schwartz Lima depois de ter participado do Congresso da Associação Mundial de Militares Cristãos (*Association of Military Christian Fellowships*). Até 1982, integrava somente oficiais e, a partir daí, passou a envolver praças e funcionários civis das instituições militares. O primeiro presidente da entidade, o general de divisão Pedro Luis de Araujo Braga. Em 1989, elegeu o contra-almirante Humberto Araújo como presidente para o biênio 89/91. Em 1997, elegeu o coronel Osiris Marques da Silva Júnior. Na gestão seguinte, o tenente coronel Emilson Carlos de Souza, sendo reeleito presidente em 2020.

Se guiam pelo lema, nada modesto *"Que todos sejam um.. para que o mundo creia! Todos um em Cristo Jesus. Unceb: Unindo os militares do Brasil para Evangelizar o mundo"*[49].

Entre os Objetivos Específicos, vale destacar:

> - Mobilizar os militares e servidores civis em segurança pública do nosso País para evangelizar, cumprindo o ide de Jesus Cristo, no local de trabalho, conforme Marcos 16:15: "Ide por todo o mundo e pregai o evangelho a toda criatura"
>
> - Assumir uma identidade Cristã Evangélica, sendo fiel testemunha onde Deus nos mandar; - Manter a filiação à AMCF – Association of Military Christian Fellowships e estabelecer os laços fraternos e de cooperação com as uniões e associações congêneres em todas as nações, principalmente, no esforço missionário para alcançar suas forças armadas, ajudando e encorajando os militares.[50]

A Unceb organizou o que para eles foi o maior encontro cristão: o 19º Congresso Nacional da União de Militares Cristãos Evangélicos do Brasil, realizado em Atibaia, SP organizado pela PMs de Cristo, da Polícia Militar do Estado de São Paulo, uma das mais poderosas do país. O Congresso reuniu mais de 1.400 pessoas.

---

[49] Histórico da UMCEB. Disponível em: https://unceb.com.br/site/historico.html.
[50] *Idem.*

O ocupante da Presidência da República estava no Japão, convidado, enviou um vídeo de saudação. Também ausente o comandante Geral da PM de São Paulo, o Coronel Marcelo Viera Salles. Presentes o deputado estadual Tenente Nascimento (PSL/SP) e o coronel Juan Cabral, do Paraguai, Coronel Emilson Souza, presidente da Unceb, o presidente dos PMs de Cristo e vice-presidente da Unceb, Major Joel Rocha.

O congresso contou com preletores de renome, como o General Srilal Weerasooriya, do Sri Lanka, presidente da Associação Mundial de Militares Cristãos (AMCF); Brigadeiro Ribeiro, general da reserva da Força Aérea Brasileira; Pastor Daniel Pandji, líder do movimento de oração que mobilizou as igrejas da Indonésia; os pastores Jonas Neves, Silas Malafaia, João Staub, dentre outros convidados especiais (49).

O 18 Congresso realizado em Ouro Preto, Minas Gerais, foi organizado pela União dos Militares Evangélicos de Rondônia e foram mobilizados todos os quartéis militares do estado além de mais de mil delegados dos demais estados.

UNIÃO DE MILITARES EVANGÉLICOS DA MARINHA (UMEM)

Da Igreja Evangélica União, atua sob o *slogan*: *"Jesus Cristo é nossa âncora"*.

Estatutariamente, tem a finalidade de divulgar e estruturar a identidade do *"'espírito de corpo' de Fé em Cristo, bem como promover e incentivar a proclamação do Evangelho de Nosso Senhor Jesus Cristo, no meio naval e civil"*[51].

Tem unidades no Amazonas, Espírito Santo, Rio de Janeiro Rio Grande do Sul, Santa Catarina e Paraná. Realizam eventos e cultos, sua sede própria encontra-se na rua Conde de Agrolongo, n.º 748, Penha, Rio de Janeiro / RJ.

---

[51] Disponível em: www.umem.org.br.

PMS DE CRISTO

Atuam levando a *Palavra de Fé, Vida e Esperança ao Policial Militar* ao corpo da Polícia Militar do estado de São Paulo, com 83 mil homens em 645 municípios. Os PMs de Cristo alcançaram em 2017 todas as 22 regiões da PM em SP, divididas em comandos regionais do interior, Grande São Paulo e Capital. São mais de 500 igrejas de diversas denominações que participam do projeto, de forma voluntária.

Nasceu na Academia de Polícia Militar do Barro Branco, na Zona Norte da capital de São Paulo. Atuam por meio de Núcleos nas unidades policiais, onde capelães voluntários, militares ou civis realizam em parceria com líderes PMs locais as reuniões semanais "Momento com Deus", com reflexões bíblicas e orações, visando o fortalecimento da fé e a melhoria do ambiente de trabalho e da qualidade de vida.

Na prática, os PMs de Cristo promovem encontros com comandantes da Polícia Militar, em diferentes regiões do estado, com lideranças evangélicas locais dispostas a somar forças à missão dos PMs de Cristo, como voluntários em ações de capelania, mediação de conflitos e apoio a prevenção primária do crime.

Pastores e demais colaboradores são treinados pela associação para prestar assistência espiritual e emocional e a mobilizar suas igrejas para interagir de forma produtiva com a Polícia Militar, visando o bem comum e a melhoria da qualidade de vida[52].

---

[52] Disponível em: https://www.pmsdecristo.org.br/site/index.php.

ESTAMOS EM GUERRA CIVIL HÁ 500 ANOS – A HISTÓRIA PREGRESSA DAS PMS

A guerra permanente do Estado contra a Nação começou em 1500 e só tem se agravado e aperfeiçoado seus métodos ao longo dos séculos. Chegamos ao século XXI com a adoção das tecnologias de comunicação e informação, somos vítimas de uma *ciber* guerra. A guerra é *ciber* sem abandonar as práticas genocidas de sempre.

Só uma guerra é capaz de produzir as 64 mil mortes por violência que houve em 2017. Em 2018, baixou para mais de 57 mil. Abaixou, mas é de toda forma um número inaceitável. São 27.5 por cada 100 mil habitantes. Roraima, Tocantins, Amapá, Pará são os estados que produzem mais mortes por violência.

Mortos por ação direta do Estado, em 2018, foram 6.200; 20% mais que em 2017, 3 vezes mais que os 212 de 2013. No Rio de Janeiro, 1.534, sendo 65,4% negros, 78,5% jovens, 99% homens. Essa situação no Rio de Janeiro se agravou após a intervenção federal decretada pelo governo, que não passou de uma ocupação militar pelas forças armadas.

Perguntam se as milícias que estão fazendo balbúrdia e cometendo assassinatos por esse Brasil afora são já uma instituição nacional. São, sem dúvida, mas há que fazer uma aclaração.

É necessário atentar para o uso das palavras milícia e miliciano para os agrupamentos armados de ex PM e bandidos. Esses homens estão fazendo terrorismo, são bandidos e assassinos de aluguel.

Miliciano é do bem. Em Cuba e na Venezuela, são os milicianos que fazem a defesa civil. São como um exército paralelo que se somam às forças armadas em defesa da soberania nacional. O Hezbolah é uma milícia que luta contra o invasor estrangeiro que ocupa suas terras. Igualmente, no Irã, são os milicianos que junto com as forças armadas garantem a integridade territorial do país.

O que temos no Brasil, de fato, são bandidos, mercenários, criminosos armados e organizados. Isso se chama máfia. São quadrilheiros, são jagunços a serviço dos poderosos, são tudo de ruim que há na terra menos milicianos.

O Escritório do Crime, do capitão Adriano da Nobrega, está há décadas funcionando no Rio de Janeiro, é coisa típica de mafioso. São assassinos de aluguel. Lá você encomenda um assassinato e nem custa muito caro.

Esse Adriano estava sendo procurado pela Justiça para depor sobre o assassinato da vereadora Marielle. Como já se está comprovando que o Escritório do Crime tinha relações estreitas com o clã Bolsonaro, seria muito perigoso que ele caísse nas mãos da Justiça e comprometesse a *famiglia* — assim se qualificam os mafiosos italianos. Adriano foi torturado e executado. Pura queima de arquivo.

A origem

Como duvidar que a origem dessas quadrilhas seja as Polícias Militares estaduais?

Polícia Militar não deveria existir.

É uma excrescência herdada do tempo em que os donos de terra e gente eram chamados de coronel. Eles tinham sua guarda pessoal. Eram jagunços, matadores de índios e de negros. Os fazendeiros ganharam a patente de coronel, porque emprestavam essa força ao governo central para reprimir revoltas populares e, inclusive, como reforço nas guerras. Era a famosa Guarda Nacional e os coronéis eram coronéis dessa Guarda Nacional. Os mercenários contratados para matar indígenas e negros escravizados que fugiam tinham a patente do capitão de mato.

Com a República das Oligarquias agrárias, o processo quase vertiginoso de urbanização exigia reforço à segurança nos centros urbanos. Essa Guarda Nacional vai sofrer adaptações e se transformar nas chamadas Força Pública estadual.

As cidades cresceram, os estados ficaram ricos e poderosos e trataram de constituir uma boa força para proteger seus interesses. Assim, foram criadas academias, o Estado treinou e equipou seus soldados. Contaram, inclusive, com assessoria dos Estados Unidos, que recrutava os melhores para os cursos na Escola das Américas que funcionava no enclave colonial da zona do Canal do Panamá.

Em 1961, uma boa parte dessas forças estaduais eram profissionais a serviço do estado, encarregados da manutenção da ordem pública, obedientes da lei. Na crise provocada pela renúncia do presidente Jânio Quadros, em agosto de 1961, o alto mando das forças armadas achou por bem que era hora de assumir o poder por meio de um golpe de Estado. Puseram no governo uma junta militar com os comandantes das três armas.

Ocorreu, então, um dos episódios mais bonitos da história de nosso povo. Leonel Brizola, governador do Rio Grande do Sul, rebelou-se contra o golpe e chamou a nação para defender a legalidade. Defender a legalidade democrática era dar posse ao vice-presidente eleito João Marques Goulart. Utilizando os microfones de uma rádio local, pronto, estava armada uma Rede da Legalidade, com a maioria das emissoras de rádio do país.

Brizola teve o apoio explícito e em peso da Brigada Militar (polícia militar estadual), a qual se somou o Terceiro Exército. Na capital de São Paulo, governada por Carlos Alberto de Carvalho Pinto, os quartéis da Força Pública se colocaram às ordens do poder civil em defesa da legalidade, à revelia do governo estadual. Também as forças de Goiás e do Paraná, aquela governada por Mauro Borges e esta por Nei Braga, ambos ex-oficiais do Exército, os quais defenderam a legalidade e derrotaram o golpe.

O Golpe, no entanto, seria vitorioso em 1964. Uma das primeiras medidas da junta militar, após prender todas as lideranças civis e militares, foi transformar o que eram Forças Públicas estaduais em forças auxiliares das Forças Armadas e as colocaram sob comando de oficiais do Exército.

A partir daí, são conhecidas como Polícia Militar. Muda a estrutura, o tipo de treinamento e de ensino nas academias, passando a vigorar a mentalidade de Segurança Nacional emanada da Escola Superior de Guerra, sob tutela dos Estados Unidos. Aumenta o número de egressos da Escola das Américas e os assessores militares e agentes de inteligência circulam à vontade pelos quartéis e demais dependências dos Organismos de Segurança. Até a emissão de passaportes era controlada pelos ianques. Durante a Operação Condor, fazem curso de pós-graduação em Técnicas de Interrogatório por meio da tortura e uma rede de repressão envolvendo Brasil, Argentina, Uruguai, Paraguai e Chile.

As PMs passam a compor as forças de ocupação para garantir a nova ordem imposta pela ditadura do capital financeiro e do pensamento único. O equipamento de repressão é padronizado com as forças repressivas de boa parte do mundo, boa parte fornecido por Israel. Nas últimas décadas, a isso se soma a presença das denominações religiosas neopentecostais fundamentalistas.

O treinamento se assemelha àquele da Escola das Américas. O inimigo é o povo. Marcham cantando frases que estimulam o ódio ao outro, a vontade de bater, massacrar. Bandido bom é bandido morto. Para ser bandido basta ser pobre morador das periferias, se for preto ou indígenas, pior, matam mais depressa.

É o que explica cenas como a ocorrida numa escola pública de São Paulo, onde quatro PMs entraram armados, um deles espanca um adolescente imobilizado no solo, enquanto um segundo aponta a arma aos jovens que se acercam para tentar impedir a morte do garoto. No dia seguinte, os jornais deram que os militares foram demitidos. Seguramente, vão engrossar as filas dos agrupamentos armados ilegais, as máfias armadas, os escritórios do crime.

Em Sobral, no Ceará, um batalhão da PM se amotinou e passou a desafiar as autoridades com armas e vestindo capuz. Prova de que essa gente perdeu completamente as estribeiras, recebem a autoridade a tiros e ferem mortalmente um senador da República. Registre-se que os amotinados estavam recebendo apoio de funcionários do ministério da Mulher e dos Direitos Humanos, comandado pela pastora Damaris.

O que é que explica esse apoio?

O que é que explica a presença de Flávio Bolsonaro no cenário desses episódios?

Quem são os mascarados e encapuçados?

Muita coisa está ainda a exigir explicação.

Os PM iniciaram um movimento que parece ser nacional, reivindicando aumento salarial. Reivindicar aumento é legal. Amotinar-se para exigir aumento é crime. são soldados que devem obediência irrestrita. Em Belo Horizonte, o governador aprovou aumento de 41% para o pessoal da PM mineira. Um absurdo na conjuntura econômica e social do estado e do país.

O motim em Sobral com apoio da Damaris tem essa mesma intenção e já se tem notícia de que em 12 estados os PMs estão ameaçando sublevar-se para obter aumento. Aumento assim tão alto esses estados não estão em condições de dar.

E agora, cara pálida?

Tem gente que está achando que vai ter golpe. Bobagem. Golpe já deram, somos governados por uma junta militar. O objetivo pode ser tumultuar, gerar o caos para impor pela força as reformas e as entregas que faltam para acabar com o estado e a nação. E a culpa vai ser dos comunistas... petistas... etc...

A conjuntura me faz lembrar um episódio que vivenciei no Peru. A Guarda Civil, civil só no nome, porque estava armada, amotinou-se alegando que o soldo já não dava mais pra sobreviver. Lima, a capital desguarnecida, foi invadida por hordas de apristas a saquear o comércio e depredar tudo o que encontravam pela frente. Puseram fogo no jornal *diário Ojo* e marcharam em direção ao *diário Expreso* para incendiá-lo. Não conseguiram, porque o Exército interveio.

O GOVERNO DE OCUPAÇÃO

O governo de ocupação, capturado numa bem urdida operação de inteligência das forças armadas, teve também o conluio entre oficiais militares e os pastores e bispos das igrejas evangélicas, notadamente as denominações neopentecostais. Eles chegaram ao Brasil com o propósito inicial de domesticar as autoridades e a sociedade nos padrões do *way of life* e da obediência cega aos desígnios da Nova Roma. Num segundo tempo, a estratégia passou a visar a conquista do poder total, com vistas a transformar o Estado numa teocracia, idêntica à de Israel.

A composição do governo e, principalmente, de sua base de apoio reflete essa aliança, mesmo após os militares conseguirem ocupar todos os postos do núcleo duro do governo. Ao contrário de representar um perigo, essa presença consolida o projeto, se consideramos a penetração e influência das denominações Gospel no meio castrense. Os militares no Executivo, os religiosos no Legislativo e no seio da massa: aliança perfeita para durar 40 anos.

Soma-se a isso a solidariedade maçônica. Há um número considerável de oficiais, tanto nas forças armadas como nas forças de segurança, nas lojas maçônicas, alguns da mais alta hierarquia com o grau de grão-mestre na maçonaria, como os generais Hamilton Mourão, vice-presidente da República, e Augusto Heleno Ribeiro Pereira, ministro-chefe do Gabinete de Segurança Institucional.

Mourão foi quem em setembro de 2017, em palestra num evento da maçonaria, propôs intervenção militar para acabar com a bagunça na política. Há que considerar a rapidez com que as denominações evangélicas subiram de 15% da população a quase 40%. Ritmo de crescimento que se mantém, dado a capilaridade e a atomização dos núcleos de culto. Há quarteirões nas periferias das grandes cidades com mais de um templo e no interior essa presença se repete, inclusive nos mais remotos rincões do sertão.

A cada eleição, os militares lançam maior número de candidatos, coincidindo com os militares que também estão lançando candidaturas em todos os níveis — municipais, estaduais e federal — para cargos legislativo e executivo em todos os estados.

Na Câmara Federal, 195 dos 513 deputados têm garantido a governabilidade ou impondo a ingovernabilidade desde o governo de Fernando Henrique Cardoso, passando por Lula, Dilma, Temer e agora o governo de ocupação. Os católicos se somam a essa força compondo uma expressiva bancada de mais de 300 parlamentares.

Temos esperança de que essa aliança com católicos romanos, até agora meio automática, não dure. A chegada de um papa inteligente e latino-americano ao Vaticano está devolvendo a Igreja de Roma aos compromissos com o mundo moderno, expresso na teologia de libertação. Ainda que moderada, a mudança de rumo é substancial, como mostra a mobilização em torno do Sínodo do Amazonas e os discursos de Francisco em suas peregrinações pelo mundo.

O chamado para uma Economia de Francisco certamente ficará na história como um marco, vitorioso ou fracassado, de uma proposta inteligente de reformar o capitalismo, livrando-o da ditadura do capital financeiro e do pensamento único nos centros de decisão sobre desenvolvimento nos âmbitos local, nacional e mundial.

O Sínodo de um lado e, de outro lado, o chamado aos intelectuais para pensar um modelo mais humano para o desenvolvimento econômico, o projeto Economia de Francisco, que põe em xeque o neoliberalismo, abrem caminhos alvissareiros para se trilhar como alternativa ao caos do capitalismo financeiro genocida e ecocida e às trevas do obscurantismo do fundamentalismo religioso.

DENOMINAÇÕES RELIGIOSAS A SERVIÇO DA NOVA ROMA

Os pentecostais na America Latina, dos Estados Unidos vieram as igrejas: luteranas, episcopais (anglicanas de origem EUA), presbiterianas, *quakers*, metodistas e batistas.

Os batistas, mais antigos, perfazem uns 100 milhões no mundo. Há algo de incoerente na postura dessa fé, posto que são adeptos da pena de morte e contra o aborto, e acreditam na cura gay por meio da conversão.

Retrata-se que numa 1ª Onda, 1910, aparece na Guatemala a Assembleia de Deus Igreja da Profecia Príncipe da Paz (*Church of the Brethren*). O príncipe é Jesus que eles esperam que retornará. Essa denominação está presente hoje em praticamente todos os países de Nossa América e com muita força na América Central.

Numa 2ª Onda, nos anos 1950, aparecem as igrejas: Evangelho Quadrangular (1953), Cruzada Nacional de Evangelização (1953), Igreja Pentecostal o Brasil para Cristo (1956), Igreja Nova Vida (1960), Igreja Pentecostal Deus é Amor (1961), Casa da Benção (1969), Metodista Wesleyana (1967), Igreja Salão de Fé (1975), Igreja Universal do Reino de Deus (1977) e Igreja Internacional da Graça (1980).

Em 1984, já havia 12 milhões de pastores fora dos EUA, dos quais 9,9 milhões encontravam-se na América Latina, inclusive o Brasil. O estudo lembra o Relatório Rockefeller, de 1969, que sugeria como estratégia para os Estados Unidos, por meio das Relações Exteriores (Departamento de Estado) e os serviços de inteligência (CIA), uma ofensiva para deter a Teologia da Libertação que empolgava jovens teólogos e movimentos cristãos de base por toda Nossa América.

Nos anos 1970, já se pode falar de um neopentecostalismo latino, adaptado a cada região, de acordo com as características sociais e culturais. Destacam-se a Assembleia de Deus, com Manoel Ferreira e 12 milhões de seguidores; Igreja da Graça, de Romildo Ribeiro Soares; Igreja Universal do Reino de Deus, de Edir Macedo, com 1,8 milhão; Igreja Mundial do Poder de Deus, de Valdomiro Santiago, com 400 mil seguidores.

O crescimento resulta de um trabalho com muita eficácia, planejamento e técnicas sofisticadas de comunicação. A televisão com os televangélicos tem um forte poder de penetração e convencimento. A atomização dos núcleos, contando com as pessoas da própria comunidade também lhes assegura credibilidade e influência.

É verdade que somos todos iguais.

Combatem o alcoolismo, protegem as mulheres, assistem aos presos e utilizam grandes espaços. Quando ocupam as ruas com suas marchas, movimentam milhões de crentes. Interessante o trabalho que realizam nos cárceres deu como resultado o fato de que se tornar crente virou estratégia para sobrevivência nas cadeias superlotadas e sem condições mínimas de vida digna. Os chefões são crentes e até pastores.

Como a teologia da prosperidade "santifica" quem é próspero, ou seja, rico, convivem harmoniosamente com o narcotráfico nas favelas e periferias e, inclusive, nos cárceres.

OS CALVINISTAS

Segundo o coordenador do Centro de Educação, Filosofia e Teologia da Universidade Presbiteriana Mackenzie, Rodrigo Franklin de Souza *"eles descobriram essa ligação entre religião e poder e estão explorando cada vez mais este viés"*[53].

Caramba! Platão já dizia isso, ou seja, que religião é poder.

Até há bem pouco tempo, o reitor da Presbiteriana Mackenzie, Benedito Guimarães Aguiar Neto, é uma das lideranças do agrupamento de calvinistas que se faz conhecer como adeptos do *Design Inteligente*, eufemismo para esconder o criacionismo. Em janeiro de 2020, deixou a reitoria para assumir, a convite do governo de ocupação, a Coordenação de Aperfeiçoamento de Pessoal de Nível Universitário (Capes), a maior agência de fomento de pesquisa do país.

Em junho de 2020, o governo de ocupação nomeou Nilton Ribeiro, outro calvinista, ministro da Educação, teólogo e pastor da Igreja Presbiteriana. Em 2019, integrava o Comitê de Ética da Presidência da República. Membro do Conselho do Instituto Presbiteriano Mackenzie, é adepto do castigo corporal aos alunos.

Os calvinistas são seguidores do reformista protestante do francês João Calvino (Jehan Cauvin, 1509-1564), o qual criticava o fausto da Igreja de Roma e pregava uma religião mais austera e fiel aos textos sagrados. Ele foi para os protestantes o que foi Martinho Lutero (Martin Luther, 1483-1546), ao provocar a reforma protestante na Igreja de Roma, aliás, em quem se inspirou, só que trocou o sentido de liberdade, contido na mensagem de Lutero, por opressão e ditadura.

De fato, a reforma de Lutero tinha um conteúdo libertário, pois se tratava de contestar o poder de Roma e das monarquias por um cristianismo democrático ao alcance de todos por meio dos evangelhos.

Já Calvino, expulso da França católica em 1553, chega para assumir o Conselho da igreja e do estado, numa Genebra já totalmente fanatizada em

---

[53] Reportagem de Piero Locatelli e Rodrigo Martins, publicada pelo sítio de Carta Capital, 11/08/2014. Disponível em: https://www.ihu.unisinos.br/170-noticias-2014/534148-o-poder-dos-evangelicos-na-politica.

torno do proselitismo do presbítero Guilhermo Farel, que já tinha imposto a ideias de que Deus está acima de todos e de que quem não concorda está a serviço ou tomado pelo próprio Satanás.

O estado teocrático imaginado e praticado por Calvino é implacável, nada perdoa, promove expurgos nas escolas e instituições, monta um serviço de espionagem para detectar as divergências, caça aos livros. O único livro que vale é a palavra de Deus, a *Bíblia*.

Estamos falando do século XVI, em que a Igreja de Roma, desde os anos 1400, impunha-se com a Santa Inquisição, torturando e queimando os desafetos. Calvino é o outro lado do mal, com iguais práticas repressoras, porém, sem os rituais.

IGREJA PRESBITERIANA EUA

Presbyterian Church USA, com sede em Louisville, Kentucky. Nasce em 1958 da fusão da Igreja Presbiteriana Unida dos EUA e a Igreja Presbiteriana nos EUA, com mais de 3 milhões de filiados e a maior denominação presbiteriana reformada. Em 2018, aproximadamente 1.352.678 membros, 9.161 congregações e 19.243 ministros. Autodenominam-se calvinistas liberais, porque não são adeptos da imposição do pensamento único da *Bíblia*. Basta crer em Deus para ser salvo.

IGREJA PRESBITERIANA BRASILEIRA

Segundo o portal, propõe-se a ser uma igreja de Tradição Reformada, ou seja, uma comunidade de fé derivada e ao mesmo tempo herdeira da Reforma Protestante do século XVI, iniciada por Martinho Lutero e posteriormente desenvolvida por João Calvino, Úlrico Zuínglio, Willian Farel, John Knox, entre outros. Tem sede em Derwood, Maryland, EUA.

Sobre Farel, nasceu na França como Guillaume, traduziu para William quando foi para Genebra, onde Calvino se inspirou e propagou sua doutrina, há farta bibliografia, pois se trata de um radical, taxado por alguns como fanático, que

> [...] Farel odiava o papa e desprezava todas as cerimônias papais. Sua missão em vida, assim como ele mesmo a concebia, era destruir cada vestígio do papado em imagens, cerimônias e rituais, o qual eram o regime padrão daqueles mantidos nas cadeias de Roma (HANKO, 1999, p. 169).

Igreja presbiteriana renovada do Brasil

Como fundar igreja tornou-se um dos melhores negócios para enriquecimento rápido, as denominações evangélicas se multiplicam infinitamente. Assim também os presbiterianos. Segundo o sítio Wikipédia, a Presbiteriana Renovada fundada em 1975 da fusão da Igreja Cristão Presbiteriana (1968-1975), dissidente da Igreja Presbiteriana do Brasil e da Igreja Presbiteriana Independente Renovada (1972-1975), separada da Igreja Presbiteriana Independente do Brasil. Em 2016 havia 1.140 igrejas com essa denominação.

IGREJA PRESBITERIANA DO BRASIL

Segundo o portal da igreja54, foi iniciada com a vinda do missionário estadunidense Ashbel Green Simonton (1833-1867), o fundador da Igreja Presbiteriana do Brasil, juntamente com o Rev. José Manoel da Conceição (1822-1873), o primeiro pastor evangélico brasileiro. Concretamente, é uma federação de igrejas que têm em comum uma história, uma forma de governo, uma teologia, bem como um padrão de culto e de vida comunitária. Historicamente, a IPB pertence à família das igrejas reformadas ao redor do mundo, tendo surgido no Brasil em 1859, como fruto do trabalho missionário da Igreja Presbiteriana dos Estados Unidos. Em 2016, tinha aproximadamente 649 mil membros distribuídos em mais de 5.068 igrejas locais e congregações em todo o Brasil.

No livro *Confissões de Westminster*, no Capítulo 4º, reza:

Da Criação:

1. Ao princípio aprouve a Deus o Pai, o Filho e o Espírito Santo, para manifestação da glória de seu eterno poder, sabedoria e bondade, criar ou fazer do nada, no espaço de seis dias, e tudo muito bom, o mundo e tudo o que nele há, quer as coisas visíveis quer as invisíveis.

2. Depois de haver feito as outras criaturas, Deus criou o homem, macho e fêmea, com as almas racionais e imortais, e dotou-os de inteligência, retidão e perfeita santidade, segundo a sua própria imagem, tendo a lei de Deus escrita em seus corações e o poder de cumpri-la, mas com a possibilidade de transgredi-la, sendo deixados à liberdade de sua própria vontade, que era mutável. Além dessa escrita em seus corações, receberam o preceito de não comerem da árvore da ciência do bem e do mal; enquanto obedeceram a este preceito, foram felizes em sua comunhão com Deus e tiveram domínio sobre as criaturas (CFW, 1643, p. 4).[55]

Para eles, Cristo é a segunda Pessoa da Trindade e veio como o Mediador. No Capítulo 6, "da queda do homem, do pecada e do seu castigo",

---
[54] Disponível em: https://www.ipb.org.b/sobre-a-ipb.php.
[55] A CONFISSÃO DE FÉ DE WESTMINSTER (CFW) (1643-46). Disponível em: https://www.executivaipb.com.br/arquivos/confissao_de_wstminster.pdf.

1. Todo pecado, tanto original como atual, sendo transgressão da justa lei de Deus e a ela contrário, torna culpado o pecador em sua própria natureza, e por esse culpa está sujeito à ira de Deus e à maldição da lei, e, portanto, sujeito à morte, com todas as misérias espirituais temporais e eternas (CFW, 1643, p. 7).

COALIZÃO PELO EVANGELHO
THE GOSPEL COALITION

O ministério está ligado ao *The Gospel Coalition* (TGC) dos Estados Unidos. O principal objetivo é defender e proclamar o evangelho por meio de uma teologia "totalmente bíblica". Entre os líderes que estão no rol de fundadores do ministério estão nomes de pesos no cenário evangélico do país. Entre eles, estão o Rev. Augustus Nicodemus e os pastores Jonas Madureira, Franklin Ferreira e Luiz Sayão. Os líderes propõem uma reforma das práticas ministeriais no contexto brasileiro, a fim de que estejam em harmonia com a *Bíblia*.

Criada há pouco tempo no Brasil, abriga pastores como Sérgio Queiroz da Igreja Internacional Cidade Viva, da Paraíba, o qual em janeiro assumiu a Secretaria Nacional de Proteção Global; Guilhermo de Carvalho, mestre em teologia pela Mackenzie, onde lecionou, pastor da Igreja Esperança, de Belo Horizonte, diretor de *L'Abri Fellowship Brasil* e diretor de conteúdo do projeto Cristãos na Ciência; Franklin Ferreira, teólogo e presidente da Coalisão pelo Evangelho (*Gospel Coalition*) com matriz nos EUA; Sérgio Queiroz, pastor e procurador da Fazenda, em janeiro de 2020, assumiu como secretário nacional de Proteção Global, responsável pelos Direito Humanos no Ministério da Mulher, da Família e dos Direitos Humanos comandado pelo também pastora Damares Alves; Franklin Ferreira, pastor da Igreja da Trindade, diretor-geral do Seminário Martin Bucer (São José dos Campos/SP) e presidente da Coalisão pelo Evangelho (*Gospel Coalition*). Agitador incansável em favor da Lava Jato e do antipetismo, protetor do Deltan Dallagnol, circula à vontade no entorno do ocupante do Palácio que já lhe agradeceu publicamente pelo apoio dado à eleição de 2018.

A *Gospel Coalition*, importada dos EUA, é um movimento reformista *"profundamente comprometidos com a renovação da fé no Evangelho e com a reforma das práticas ministeriais no contexto brasileiro, a fim de que sejam plenamente conformadas às Escritura Sagradas"*[56].

Segundo o sítio de notícias Gospel, pastores brasileiros se reuniram em uma só voz para defender o verdadeiro Evangelho em nosso país. Augustus Nicodemus, Clayton Gadelha, David Charles Gomes,

---

[56] Disponível em: https://coalizaopeloevangelho.org/article/coalizao-pelo-evangelio-chega-ao-brasil/.

Emilio Garofalo, Euder Ferreira, Franklin Ferreira, Heber Campos Jr, Helder Cardin, Isaque Sicsú, Jonas Madureira, Leonardo Sahium, Luiz Sayão, Mauro Meister, Renato Vargens, Sillas Campos, Solano Portela, Tiago Santos, Valter Regianni e Wilson Porte são os nomes que inauguram esse movimento que é contra os cristãos progressistas.

UNIVERSIDADE MACKENZIE – UMA CASA CALVINISTA

Em agosto de 2019, representantes dos calvinistas brasileiros estiveram nos EUA reunidos com o secretário de estado Mike Pompeu, pedindo apoio para a formação de uma Aliança Internacional Gospel. Eles são, digamos, menos ruidosos que seus pares pentecostais e neopentecostais, mas são tão poderosos quanto, se não mais e se igualam no fundamentalismo.

A Mackenzie, nesses tempos de ascensão dos evangélicos, mais parece uma Casa dos Calvinistas. Nela, funcionam a Associação Nacional de Juristas Evangélicos (Anajure) e é sede do Fórum Mackenzie de Liberdade Econômica.

A primeira reunião do Fórum Mackenzie de Liberdade Econômica foi realizada em novembro de 2017, reunindo empresários, pesquisadores, professores, estudantes e organizações não governamentais interessados no tema da livre iniciativa. Um segundo fórum foi realizado em novembro de 2018 e o terceiro no mesmo mês do ano seguinte.

Os temas discutidos lembram o decálogo do Consenso de Washington:

1. Liberdade Econômica, Prosperidade e Bem-estar; Empreendedorismo, Desburocratização e Ambiente de Negócios;

2. Inovação, Competitividade e Concorrência;

3. Ação Empresarial e Funcionamento do Mercado;

4. Falhas de Governo e Regulação;

5. Instituições e Custos de Transação;

6. Tributação e Política Fiscal;

7. Moeda, Inflação, Reputação e Política Monetária;

8. Livre Comércio, Relações Comerciais Internacionais e Internacionalização de Empresas;

9. Discussão Ética da Liberdade Econômica (em especial sob uma perspectiva cristã).

A tradição católica fundamentalista

Na década de 1960, época em que o radicalismo católico se expressava na organização Tradição Família e Propriedade (TFP) do advogado Plínio Correia de Oliveira, os meninos radicais da TFP juntos com os calvinistas criaram o Comando de Caça aos Comunistas (CCC). Um bando de meninos ricos que saíam para espancar e até matar estudantes e líderes de esquerda. Protagonizaram a batalha da rua Maria Antonia em outubro de 1968. Uma batalha campal na rua que separa a Universidade Presbiteriana Mackenzie e o que era a Faculdade de Filosofia Ciências e Letras da USP (hoje um centro cultural), para eles um reduto da esquerda comunista.

O prédio da USP foi incendiado e quase que inteiramente destruído e um estudante de 20 anos morreu com um tiro na cabeça. José Guimarães, secundarista de um colégio próximo, juntou-se aos estudantes da USP, levou um tiro e não sobreviveu. Ninguém foi punido por esse crime.

MÓRMONS OU IGREJA DOS SANTOS DOS ÚLTIMOS DIAS

Criada nos EUA por Joseph Smith, em 1820, depois de se comunicar com deus e instituída efetivamente em 1830. Desde 2000, atua como Comunidade de Cristo. Eles não gostam de ser confundidos com evangélicos, mas o objetivo é o mesmo. Seus fundadores podiam ter quantas mulheres pudessem sustentar. Smith teve 40. Com a poligamia proibida, eles se confinaram e poucos utilizam essa prática.

Como são criacionistas, são também racistas, pois o deus é branquinho e os pretos são uma degeneração racial, a maldição de Caim ou algo assim. Entre as profecias que pregavam estava a regresso de Cristo à terra em 1891.

Segundo as autoridades de igreja, alcançaram em 2012 13,8 milhões de adeptos em todo o mundo. A sede principal está em Salt Lake City, junto com o centro de formação de missionários. O proselitismo se fundamenta nas questões da família, e o missionário, em geral, trabalha na comunidade e até mesmo em sua própria casa. Fazem milagres, seguindo os caminhos dos 12 apóstolos. Formam líderes para as empresas.

Mormons no Brasil

A Igreja dos Santos dos Últimos Dias foi fundada pelo casal alemão Roberto Lippelt e Augusta, em 1923, os quais iniciaram o trabalho em 1929 em Joinville, Santa Catarina. No início da década de 1950, já tinham uns 4 mil adeptos. Quarenta anos depois, com 1.248.548 de adeptos, já era o maior número de missões (33) fora dos Estados Unidos. Os missionários são muito bem treinados para conduzir multidões. No sítio oficial fica-se sabendo que eles estão treinando sete mil jovens. Treinamento por dois anos em tempo integral.

Estão presentes em 650 cidades brasileiras, que conformam 64% da população. O objetivo é utilizar os 7 mil missionários para agregar mais 140 cidades com mais de 50 mil habitantes cada.

Ainda no Brasil, agora tem também um homem na política, Moroni Torgan, eleito deputado federal pelo DEM do Ceará, delegado da

Polícia Federal, o que, muito provavelmente, inicie uma tendência, tal como nas demais nomenclaturas pentecostais. Grande novidade foi a integração na comunidade eclesiástica de Helvécio Martins, o primeiro homem negro em todo o mundo mórmon.

ALIANÇA CRISTÃ EVANGÉLICA BRASILEIRA

Associação de denominações evangélicas com sede em Campinas. Define-se como sendo uma aliança com a missão de manifestar os valores do Reino, na unidade, serviço e manifestação de uma voz evangélica no Brasil.

> Assessoramos os crentes, comunidades de fé e organizações cristãs de serviço e missão. Nossa proposta é ser um testemunho visível de unidade, compartilhando experiências potencializando ações e facilitando parcerias em diferentes áreas da igreja. [57]

Segundo a Wikipédia[58] possui atualmente mais de 300 igrejas em todo o Brasil. Enfatizam as experiências de conversão tendo a *Bíblia* como base da fé e da evangelização. Filiada à Aliança Evangélica Mundial (*World Evangelical Alliance*), uma rede de igrejas em 129 nações e mais de 100 organizações internacionais e diz representar cerca de 600 milhões de evangélicos no mundo. Tem origem na britânica *Evangelical Aliance* fundada em 1846. Em 1951 a *World Evangelical Fellowship* foi fundada por 21 países na primeira assembleia geral em Woudschoten (Zeist) Holanda.

Em 2019, evangélicos de mais de 90 países se reuniram perto de Jacarta, na Indonésia, para a Assembleia Geral da Aliança Evangélica Mundial (WEA, sigla em inglês). O evento se realiza a cada dez anos em reuniões que duram seis dias e ocorreu foi sob o lema: *Seu Reino Vem*. Em outras palavras, Cristo retornará assim que os mortais se redimirem de seus pecados e Israel tiver ocupado Jerusalém.

O bispo Efraim Tendero, secretário geral da Aliança Mundial, informou que *"Os evangélicos são o movimento religioso que mais cresce no mundo nos últimos sessenta anos. E queremos agradecer a Deus pelo que ele está fazendo"*. *"Orem para segunda vinda de Jesus, estamos ansiosos por Sua vinda"*[59], disse ele em seu discurso de abertura do evento Niko Njotorahardjo, pastor indonésio e parceiro da *WEA GA*.

---

[57] Disponível em: https://akuabcaevabgekuca.org.br.
[58] Disponível em: https://wikipedia.org/wiki/Alianca_Crestã_Evangélica_Brasileira.
[59] Disponível em: https://folhagospel.com/assembleia-geral-da-alianca-mundial-abre-com-apelo-aos-cristaos--para-concluir-a-grande-comissao.

Nos Estados Unidos, constituem uma das mais importantes associações da sociedade civil. São 40 denominações que representam cerca de 45 mil igrejas. A organização está sediada em Washington. O atual presidente é Leith Anderson, eleito em 7 de novembro de 2006. Em 2017, conseguiram que o governo de Trump cortasse, por decreto, qualquer ajuda a organizações que promovam aborto. Entretanto, por outro lado, discordam da política do governo com relação aos migrantes. Os evangélicos acolhem os imigrantes, afirmam.

Nathalia Passarinho, em reportagem na *BBC/Brasil*, buscando entender o porquê do crescimento dos evangélicos, ouviu o historiador estadunidense Andrew Chesnut, autor de dezenas de livros e artigos sobre o crescimento das igrejas pentecostais, "*a forte influência dos evangélicos na ascensão e queda de líderes é uma das principais 'tendências' da política atual do continente americano*".[60]

> Chesnut listou cinco fatores que ajudam a responder essas perguntas: a coesão ideológica dos evangélicos, o que facilitaria articulações políticas; o fato de os ritos das igrejas evangélicas serem mais "condizentes" com aspectos da cultura da América Latina; a adoção de regras menos rígidas para a formação de sacerdotes, permitindo maior inserção nas camadas mais pobres; a criação de redes de apoio em comunidades carentes; e a capacidade de ecoar pensamentos compartilhados por setores conservadores da classe média e alta.

> Chesnut adverte Um aspecto importante do papel que a religião tem exercido em governos latino-americanos é a existência de uma convergência entre os evangélicos e os católicos conservadores [...] Há uma preocupação de que as religiões indígenas e afro-brasileiras possam sofrer perseguições com os pentecostais no poder. Grupos violentos podem se sentir impunes ou estimulados a agir dessa maneira (CHESNUT, 2019, s/p).

---

[60] Porque igrejas evangélicas ganharam tanto peso na política da América Latina? Reportagem de Nathalia Passarinho na BBC News Brasil em Londres, 22/11/2019. Disponível em: https://cebi.org.br/noticias/por-que-igrejas-evangelicas-ganharam-tanto-peso-na-politica-da-america-latina/.

MOVIMENTO CRIATIVIDADE

Nasceu como Igreja Mundial do Criador, fundada por Ben Klassen, em 1973, em Ashland, Oregon. Em 1996, uma dissidência forma a Igreja Mundial do Criador que em 2003 passa a denominar-se Movimento de Criatividade ou Aliança da Criatividade e Igreja da Criatividade. O primeiro dogma é odiar a todos que não são brancos. Entre as particularidades está a introdução de uma dieta vegana e o crudiveganismo, mais radical, porque sequer cozinham os alimentos. Nos EUA, eles são classificados como neonazistas. Tem como objetivo colocar nas mãos de todos os brancos o livro *Nature's Eternal Religion y The White Man's Bible*. O infiel é encarado como um algoz a ser eliminado com o objetivo de assegurar a sobrevivência do grupo *"é conduzir à caça e eliminação de nossos torturadores"*.

No Wikipedia[61] lê-se que em 2015 a *Creativity Alliance* tinha grupos em Pensylvania, Carolina do Sul, Utah e Vermont e que seus membros não se associam com os membros do Movimento Criatividade. São todos supremacistas brancos e divergem em pequenos detalhes de como participar ou não na vida política. Seus membros estão envolvidos em assassinatos e massacres.

---

[61] Disponível em: https://en.wikipedia.org/wiki/Creativity_(religion).

UM MERGULHO NO UNIVERSO NEONAZISTA

Texto de Luiz Sugimoto, publicado no *Jornal da Unicamp,* em setembro de 2018, "Um Mergulho no Universo Neonazista", a partir de estudo etnográfico e da biografia do "Hitler americano", detalha as conexões do movimento em escala global, inclusive no Brasil.

O Hitler se refere à trajetória de David Eden Lane que começou na *National Alliance,* grupo supremacista branco formado por William Pierce, um PhD em Física que havia pertencido ao Partido Nazista Americano fundado por George Rockwell.

Para oferecer uma ideia da dimensão do movimento, a antropóloga Adriana Abreu Magalhães Dias informa que o Criatividade conta 10 milhões de membros no Hemisfério Norte, tendo sido responsável pelo grande avanço do neonazismo estadunidense, de 500 mil para 2 a 3 milhões de adeptos.

> *No Brasil, creio que os simpatizantes cheguem à casa de 300 mil. E tenho medo que o Criatividade chegue ao país, por ser um movimento de cunho religioso, que não prega a "minha raça" e sim a "minha fé", o que atrai muita gente.*
>
> *O fato é que nesse longo período de pesquisa vi uma explosão do movimento de extrema direita, bem como a situação se agravar e se radicalizar. Na banca de tese me perguntaram se estamos perto de algum Estado se tornar neonazista. Não tenho ideia, pois meus dados são apenas da direita. Não sei se esse tsunami pode ser interrompido por um tsunami de esquerda* (DIAS, 2019, s/p).

Foram mais de 15 anos de pesquisas da antropóloga Adriana Abreu Magalhães Dias junto a *sites*, blogs, fóruns e comunidades neonazistas na rede mundial de computadores e em documentos e atividades não digitais.

IGREJA BATISTA THOMAS ROAD

Uma mega igreja em Lynchburg, Virginia, fundada por Jerry Lamon Falwell, um televangelista, em 1956. Antes havia militado com os fundamentalistas cristãos que deixou para ingressar na Convenção Batista do Sul. Fundou também a *Liberty University*, em 1971, para formar os quadros para promover a expansão de sua igreja. Republicano dos mais conservadores, foi cofundador da *Moral Majority*, em 1979, organização política de ultradireita que reúne cristãos fundamentalistas e atua como *lobby*.

A Igreja prega contra os direitos LGTB, seguindo a linha da Industria anti-gay, fundada por Falwell que afirmava *"Espero viver para ver o dia em que, como nos primeiros dias de nosso país, não tenhamos mais escolas públicas. As igrejas as terão conquistado de novo e os cristãos as manejarão. Que dia feliz será esse!"*.

Jerry Falwell liderava uma igreja que começou numa destilaria abandonada e que tem hoje 22 mil membros. Apoiava o regime do Apartheid na África do Sul, apoiou o governo de George W. Bush e teve o mérito de ter introduzido o conceito de *cristianismo sionista* entre os neopentecostais. Em apoio à Israel, mobilizou e realizou uma marcha com 200 mil pastores.

Mais recente, 200 líderes evangélicos assinaram uma carta do diretor do jornal *Christianity Today*, Timothy Cairymple, condenando-o por ter assinado um editorial defendendo a destituição de Donald Trump. Afirmam que a carta contraria dezena de milhões de crentes e argumenta que

> Na verdade, não somos evangélicos de 'extrema direita', como caracteriza o autor", afirma a carta. "Em vez disso, somos cristãos que creem na Bíblia e americanos patrióticos que são simplesmente gratos pelo fato de nosso presidente ter procurado nosso conselho. a administração possui políticas avançadas que protegem os nascituros, promovem a liberdade religiosa, reformam nosso sistema de justiça criminal, contribuem para famílias trabalhadoras fortes por meio de licença remunerada, protegem a liberdade de consciência, priorizam os direitos dos pais e garantem que nossa política

externa se alinhe aos nossos valores tornar nosso mundo mais seguro, inclusive através do nosso apoio ao Estado de Israel.[62]

Vale levar em conta a frequência com que aparece essa estranha aliança entre evangélicos e o sionismo, em defesa do Estado confessional de Israel.

---

[62] Quase 200 líderes evangélicos criticam o Christianity Today por questionar seu testemunho cristão. Disponível em: https://radiorumoaosertao.com.br/noticias/quase-200-lideres-evangelicos-criticam-o-christianity-today-poe--questionar-seu-testemunho-cristão.

IGREJA DO EVANGELHO QUADRANGULAR

Com 400 igrejas e mais de 10 mil fiéis, fundada em 1951, em São João da Boa Vista, São Paulo, pelo pastor estadunidense Harold Edwin Willians, que veio em missão da *Church of the Foursquare Gospel,* fundada em Los Angeles, EUA, em 1923, pela irmã Aimee Mc Pearson. Até 1987, obedecia à matriz, mas com o crescimento passou a ser dirigida por um conselho de pastores nacionais.

Em 1948, em aliança com a Assembleia de Deus, a Igreja de Deus, a *Open Bible Standard Churches,* a Igreja Internacional Pentecostal de Santidade, entre outras, foi fundada a Fraternidade Pentecostal da América do Norte. Hoje, atua em 146 países. Segundo o site oficial[63], possui mais de 17 mil templos e obras abertas e estruturadas em todo o país. Mais de 30 mil obreiros estão levando os ensinamentos de Jesus a mais de 2 milhões de pessoas em 22 nações.

No Brasil, são 35.159 ministérios ativos, 23.331 obreiros credenciados, 3.640 aspirantes e 8.188 ministros. O estado com maior número de ministros do evangelho (obreiros, aspirantes e ministros) é São Paulo, com 8 mil pastores, seguido por Minas Gerais, com 6 mil, e Paraná, com 4800. Ao todo, são mais 9 mil igrejas cadastradas e cerca de 2 mil congregações, totalizando mais 11 mil igrejas em todo o país.

---

[63] Disponível em: https://www.portalbr4.com.br.

IGREJA CRISTÃ MARANATA

Criada em 1968, em Vila Velha, Espírito Santo, pelo pastor Manoel de Passos Barros, cresce também no exterior, onde já montou mais de 50 templos. Na América do Sul, está em praticamente todos os países, com ênfase na Bolívia, onde possui sete igrejas em La Paz, Cochabamba, Oruro, Santa Cruz. Nos EUA, possui 30 igrejas em 11 estados; Na Inglaterra, 7 em 6 estados; na Itália 7; em Portugal 15 em 15 cidades. Na África 2: Burundi e Moçambique.

Pregam doutrinas ensinadas nas Escrituras Sagradas do Velho e do Novo Testamento, sobretudo em todas aquelas nas quais a Igreja Fiel, mediante os séculos, sempre acreditou, em particular aqueles referentes à Trindade, ao plano de salvação pela graça mediante a fé na pessoa e na obra consumada pelo Senhor Jesus na cruz do Calvário. Estão aguardando o toque da quinta trombeta que anunciará a volta de Cristo ou o apocalipse. As trombetas anunciam o juízo para três públicos: Israel, que aguarda o cumprimento das profecias direcionadas a esse povo; a igreja, que vai subir; e o mundo, que ficará. Explica que *"Esta igreja nasceu do meio evangélico como opção para definir este momento histórico e profético. Maranata é a palavra usada por Paulo para falar sobre a grande mensagem da Igreja, que é 'O Rei vem', ou seja, 'Jesus voltará'"*[64].

---

[64] Disponível em: https://www.igrejacristamaranata.org.br/quem-somos/.

TESTEMUNHAS DE JEOVÁ

Surgiu nos Estados Unidos, por volta de 1880, iniciativa de Charles Taze Russel (1852-1916) oriundo da Igreja Adventista do Sétimo Dia e primeiro presidente da Sociedade Torres de Vigia, com o objetivo de publicar e divulgar a *Bíblia*. São criacionistas e fundamentalistas. Desenvolveu-se graças ao trabalho fundamentalmente do juiz Joseph Franklin Rutherford (1869-1942), que em 1917 sucedeu Taze.

Segundo a Wikipédia[65], possuem adeptos em 239 países, com cerca de 8 milhões de fiéis e um grande número de simpatizantes. Eles visam recrutar fiéis visitando casas por casas nas ruas. Seus líderes, claro que na maioria estadunidenses, são iluminados por Deus. O comando geral é da Sociedade Torre de Vigia de Bíblias e Tratados, nos EUA. Como eles são os eleitos e branquinhos, negros e outras etnias não são tratados como gentes. Durante o III Reich, esteve afinada com o partido nazista. Entretanto, não demorou muito para serem perseguidos.

Eles são muito severos no controle da moralidade, mantendo a família com rédeas curtas. As mulheres não podem usar calças e os homens não podem deixar crescer nem barba nem bigode ou cabelo. Não podem jogar nem praticar esportes ou outras coisas consideradas pagãs. Todos devemos seguir o exemplo de Jesus, o que seguramente não é fácil. O que se sabe dele para imitá-lo? Estão à espera de um Armagedom, são proibidos de usar o sangue nas refeições ou mesmo em hospitais. Como eles negam a Trindade, são execrados pelos seguidores da Igreja de Roma. No Brasil, possuem 11.340 congregações com cerca de 770 mil fiéis, só perdendo para os EUA.

A Associação Torre de Vigia de Bíblias e Tratados da Pensilvânia é considerada uma das maiores associações jurídicas do mundo, com filiais em muitos países. Interessante, no início de 2010, dois tribunais da Rússia declararam que as Testemunhas de Jeová são uma denominação religiosa extremista. É que são 160 mil crentes distribuindo farto material de propaganda. É o mesmo que eles fazem aqui ou em qualquer outra parte. Se alguém se opõe, violará a liberdade de expressão e culto. Ora, isso é culto? Na época em que ainda havia a URSS, ocorreu algo semelhante e a

---

[65] Disponível em: https://pt.wikipedia.org/wiki/Testemuhas_de_Jeová.

denominação foi declarada inimiga do Estado. De maneira geral, a igreja não é molestada exatamente por estar fundada na liberdade de culto e de expressão e reagem violentamente a qualquer crítica.

São inúmeras as profecias não cumpridas, a mais notória foi a de que o mundo acabaria antes do final do século XX. São proprietário de muitas casas editoriais em todo o mundo. A *Watch Tower Bible and Tract Society of New York* é das maiores editoras do mundo. Eles manejam a comunicação em mais de 500 idiomas em todo o mundo. A revista *Sentinela*, publicada 228 idiomas, com mais de 50 milhões de exemplares é o meio de maior circulação em todo o mundo. Outra revista, a *Despertar* não fica atrás. Publicada em 101 línguas com mais de 50 milhões de exemplares. Também produzem filmes, documentários e músicas. Fazem grandes eventos, geralmente em grandes locais públicos.

Para se ter uma ideia do poder difusor, em 2003, distribuíram 91.9 milhões de livros, folhetos e brochuras, além de 697.6 milhões de revistas em 235 países. Entre 1998 e 2008, distribuiu mais de 20 milhões de exemplares de diversas plataformas para divulgar a mensagem da palavra de Deus. Em 2013, havia 91 filiais e congêneres em todo o mundo. Quando promovem congressos, reúnem mais de 100 mil pessoas nos estádios. No Brasil, editam as revistas *Sentinela* e *Despertar* e têm grande número de adeptos entre empresários e executivos de grandes empresas.

ASSEMBLEIA DE DEUS MINISTÉRIO VITÓRIA EM CRISTO

Assembleia de Deus Vitoria em Cristo foi fundada em 1959 pelo pastor José Pimentel de Carvalho. Em 2010, o bispo Silas Malafaia assumiu o comando, é a maior, com 25 mil membros e 13 milhões de adeptos no Brasil.

Malafaia é riquíssimo, em 2014, foi eleito pela revista *Época*, de 23 de dezembro de 2014, da Globo, um dos 100 brasileiros mais influentes. Vice-presidente do Conselho Interdenominacional de Ministros Evangélicos do Brasil, entidade que diz integrar oito mil pastores das variadas denominações evangélicas. É dono da editora Central Gospel, apoia projetos sociais por intermédio da Associação Vitória em Cristo e organiza eventos de repercussão nacional, como o Congresso Pentecostal Fogo para o Brasil, o Congresso de Avivamento Despertai, a Escola de Líderes da Associação Vitória em Cristo (Eslavec) e a cruzada evangelística Vida Vitoriosa para Você, visando pregar o Evangelho para o maior número possível de pessoas. Elizete Malafaia, esposa de Silas, dirige a *Mulher Vitoriosa*, realiza conferências, encontros e mantém programação especializada nas emissoras de rádio e TV, além de um portal interativo.

O programa de TV Vitória em Cristo é transmitido em rede nacional pela Rede Bandeirantes e pela Rede TV no Brasil e, dublado em inglês, é repetido em mais de 200 países nos EUA e Canadá pela CTNI, nos EUA pela Dayastar, INSP, e a rede internacional INI. Mantém vários portais *web*, entre os quais a Verdade Gospel, multimídia. Em maio de 2014, o portal *Verdade Gospel* anunciou que o programa Vitoria em Cristo já não seria mais transmitido pela CNT depois de 32 anos de veiculação[66]. Foi praticamente expulso pelo concorrente Edir Macedo, da Igreja Universal, que comprou os espaços da TV.

Sua pregação, fundada na teologia da prosperidade e patrimônio, tem um forte conteúdo homofóbico. A cada realização da Parada LBTV, Silas enlouquece e se tivesse o poder *"mandava baixar o cacete nesses caras"* (entrevista a famosa Marilia Gabriela)[67]. Em 2011, organizou a Marcha da Maconha para combater a intenção de legalizar o consumo da droga.

---

[66] Gospel Notícias, 13/5/2014. Disponível em: https://noticias.gospelmais.com.br/universal-cnt-programa-vitoria-criisto-sai-32-anos-67632.html.

[67] Programa *De frente com Gabi* no SBT, em 1/04/2015. Disponível em: https://www.youtube.com/watch?v+b5OOiBRRYLc.

Para se tornar um parceiro ministerial, há três níveis de contribuição: Gideão, mil reais por mês, Fiel, 30 mensais e Especial com 15 reais. Sendo parceiro, você tem descontos na editora e nas lojas e recebe a revista *Fiel*. Isso além do dízimo, além da arrecadação a cada culto, com os auxiliares passando o chapéu.

Tem uma linha de trabalho nos presídios, com assistência jurídica, formação em Informática e realização de casamentos coletivos. Mantém uma escola de líderes, além da formação de evangelizadores. Pessoas que recebem Deus passam a ter sucesso empresarial. Tanto nos cultos como nos programas ou em entrevistas, Malafaia e seus pastores defendem Israel com o mesmo denodo com que combatem o "verdugo" Chávez na Venezuela, Fidel em Cuba ou o Putin na Rússia.

IGREJA APOSTÓLICA RENASCER EM CRISTO

Igreja Apostólica Renascer em Cristo existente desde 1986 foi criada pelo apóstolo Estevan Hernandes Filho, um executivo de empresa transnacional de marketing, o qual é considerado o quinto pastor mais rico do Brasil, é casado com a bispa Sonia Hernandes, preside a Confederação das Igrejas Evangélicas Apostólicas do Brasil, tem a Fundação Renascer para trabalhos sociais. Ele e sua mulher já foram acusados de lavagem de dinheiro, mas nada foi provado. Ambos também já foram presos nos EUA por portarem muitos dólares sem justificação.

Como as demais igrejas, a Renascer é uma máquina de fazer dinheiro por meio dos dízimos e das doações de fiéis. Um dos mantenedores da Renascer era o jogador de futebol Kaka. Segundo o sítio oficial[68] que possuem 500 igrejas espalhadas por todo o Brasil, América Latina e Estados Unidos. A igreja deve ter mais de 600 templos em São Paulo, com uns 2 milhões de fiéis no Brasil e estão crescendo a um ritmo acelerado. Em 2006, realizaram 32 mil batismos e 57 mil conversões.

Eles administram o que chamam de Ministério de Comunicação, entendendo comunicação como a missão de evangelizar, com projetos como a Rede Gospel de Televisão, Rede Gospel de Rádio, Portal Gospel o jornal *web* Gospel News. A geradora de TV transmite 24 horas de programação. A Rede Renascer, que já tem uma televisão, comprou horário vespertino de domingo na Rede TV da Band. Grande atuação na mídia evangélica, com editora e programas multimídias. É a segunda maior. Especializou-se em divulgar a música gospel por meio de uma produtora e gravadora.

Em 2005, foi criada a Confederação das Igrejas Evangélicas Apostólicas do Brasil, presidida por Estevan Hernandes, que já conta com 1.600 líderes. O bispo trabalha com o apoio de sua mulher, com capacidade de reunir multidões para ouvir suas pregações. Milhões de pessoas são mobilizadas nas chamadas Marchas para Jesus.

Em 2006, o Ministério Público de São Paulo pediu a prisão preventiva do casal e mais nove, sendo acusados de estelionato, falsidade

---

[68] Disponível em: https://www.renasceremcristo.com.br.

ideológica e lavagem de dinheiro. A Justiça acatou o pedido e determinou a quebra do sigilo bancário e bloqueio dos bens do casal. Em dezembro 2008, conseguiram *habeas corpus* no STJ.

Em janeiro de 2007, ao desembarcar nos EUA, o casal foi detido no aeroporto, julgado e condenado a dois anos de prisão e multa de 30 mil dólares por um Tribunal Federal da Florida – EUA. Foram flagrados com 56 mil dólares não declarados pela FBI em Miami. Pagaram fiança de 100 mil dólares e foram liberados. Retornaram ao Brasil em agosto de 2009 e continuam a acumular dinheiro.

Em janeiro de 2009, o telhado de um dos principais templos, na Zona Sul de São Paulo, desabou sobre os fiéis, deixando 106 pessoas feridas e 9 mortas. Segundo o laudo do Instituto de Criminalística e do Laboratório de Estruturas e Materiais Estruturais da USP, o telhado desabou por falhas técnicas estruturais. Entretanto, isso não livrou de sentença do Tribunal de Contas e o casal teve que devolver 785 mil reais, além de pagar multa de 100 mil reais para não ser preso e poder continuar mantendo a empresa. Afinal, igreja é empresa, com isenções, mas empresa.

IGREJA INTERNACIONAL DA GRAÇA DE DEUS

Igreja Internacional da Graça de Deus, criada em 1980 pelo missionário Romildo Ribeiro Soares, tendo como sua bíblia o livro *Curai enfermos, expulsai demônios,* de T.L. Osbom, seguidor da Mother Mary, Mary Baker-Eddy, quem lançou esse grande negócio nos EUA.

Dissidente da IURD, está presente em todo o Brasil, Portugal, Espanha, Índia, África do Sul e Japão. Nos Estados Unidos, mantém igrejas em cinco estados. Na América Latina, além do Brasil, Argentina, Bolívia, Uruguai, Paraguai, Peru e México

É proprietária da RIT Rede Internacional de Televisão, por meio de parabólica, 11 milhões, tem 8 emissoras e mais de 170 retransmissoras e 120 milhões de telespectadores no Brasil, pela TV Juventude Cristã, estimula os jovens a serem empresários.

O principal programa de TV, Show da Fé, apresentado pelo fundador, é o meio pelo qual a igreja é mais conhecida. O portal encontra-se disponível em seis idiomas, de fato, uma igreja *on-line*. Tem também a rádio Evangelho, a Graça Editorial, Graça Filmes e Graça Music. Realiza grandes concentrações nos estádios em clima de festa com curas milagrosas. A Volta da Vitória, no Maracanã, em dezembro de 2014, reuniu 70 mil pessoas de todas as partes do país.

Além da Academia de Teologia da Graça de Deus (Agrade), de ensino a distância, mantém uma faculdade de comunicação, a Faculdade do Povo de SP (Fapsp), criada em 2009, com especialização em Jornalismo, Publicidade, Rádio, Televisão e Internet.

Salvação, cura divina e a segunda vinda de Jesus, a palavra de Deus nos garante que em todas as coisas somos mais que vencedores. Dá muita importância também a confissão. Venda de produtos abençoados: *Bíblia* em versão infantil, CDs, DVDs, livros.

Charlatanismo chega ao ponto de apresentar testemunho de que Deus pagou a dívida de um homem no banco. Se está devendo no banco, passa o cartão com fé em Deus, que Deus paga. Absurdo maior pode haver?

IGREJA UNIVERSAL DO REINO DE DEUS – IURD

Igreja Universal do Reino de Deus começou com Edir Macedo pregando na rua no Rio de Janeiro até que em 1977 fundou a primeira Igreja. Não demorou muito, tinha mais de dois mil fiéis e iniciou os atos de grande concentração em praças e estádios.

Essas grandes concentrações se firmaram como principal característica da Igreja que, realmente, consegue impressionantes resultados. Em 2010, reuniu dois milhões de pessoas no autódromo de Interlagos em São Paulo e, logo depois, outros dois milhões em Botafogo, no Rio de Janeiro.

Segundo Wikipédia[69] a igreja tem 112 bispos e 11.504 pastores, 7.157 templos e catedrais no Brasil, 48 bispos, 3.953 pastores e 2.663 igrejas no exterior. Acumulou fortuna incalculável, cobrando dízimo aos fiéis e induzindo-os a maiores doações, por meio de técnicas de pressão psicológicas nada éticas. Aparece na revista *Forbes* como o pastor mais rico do Brasil, com fortuna estimada em R$ 2 bilhões[70]. Em seguida aparece Valdemiro Santiago, com R$ 400 milhões; Silas Malafaia, com R$ 300 milhões; R. R. Soares com R$ 250 milhões; e Estevan Hernandes Filho e a bispa Sônia com R$ 120 milhões juntos.

A expansão internacional começou na Europa por Portugal e já está na Letônia, Grécia, Inglaterra e Itália. Na África, está em Angola e Moçambique e na África do Sul, onde já possui 382 templos. Na Ásia, no Japão e China, em seguida Angola, Moçambique. Nos EUA, onde está há cerca de 30 anos, já tem 190 templos nas cidades mais importantes. Está também no Canadá, Argentina, México e Equador.

A igreja Universal do Reino de Deus é a maior concessionária do país. Possui 23 emissoras de TV, distribuídas entre a Record, Record News (ex-Rede Mulher), canal de notícias 24 horas e Rede Família. Só a Record, incorporada a partir de 1989, possui 14 próprias e 79 afiliadas. Além disso, é proprietária da Rede Aleluia, com 40 emissoras de rádio, as quais se devem somar 36 rádios arrendadas. O bispo Edir Macedo

---

[69] Disponível em: https://pt.wikipedia.org/wiki/Igreja_Uuniversal_do_Reino_de_Deus.
[70] Disponível em: https://noticias.uol.com.br/internacional/ultimas-noticias/2013/01/18forbes-lista-os-seis-lideres-milionarios-evangelicos-no-brasil.htm.

também é proprietário de outras 19 empresas, entre as quais a gráfica Universal Produções que edita, entre outras coisas, a *Folha Universal*. Entre as filiadas à rede, cinco são de políticos.

Em 2012, a Rede de TV Record acertou a compra de *O Dia*, o jornal de maior circulação do Rio de Janeiro que era controlado pelo grupo empresarial de mídia português *Ongoing*. O bispo proprietário da igreja e dos meios já tem jornais em Vitória, Porto Alegre e Belo Horizonte.

> Prega a santíssima Trindade, os evangelhos e o batismo como caminho para salvação. A Universal também crê que os dízimos e as ofertas são tão sagrados quanto a palavra de Deus. Os dízimos significam fidelidade, e as ofertas, o amor do servo para com o seu Senhor. Todos os que servem a Deus têm o direito a uma vida abundante. É o que o Senhor Jesus afirma no livro de João 10.10...Eu vim para que tenham vida e tenham em abundância.[71]

Todas as segundas-feiras promovem nos templos a Reunião da Prosperidade, que em São Paulo se denomina Congresso Financeiro *"milhões de pessoas entendem melhor o direcionamento de Deus para as suas finanças"*.

É tal a violência com que arrecadam dinheiro nos cultos que já foram acusados de estelionatos. Macedo no início de sua carreira chegou a ser preso por isso, mas foi logo solto e aperfeiçoou tanto a ganância como a gastança.

Seus livros, com forte viés de autoajuda, são *best sellers*. Vendem muito, ou seja, ganha muito dinheiro com isso também. Nas lojas "Arca Center" e no portal, vendem de tudo, roupas, livros, louças.

---

[71] Dízimos e ofertas – https://www.universal.org/a-universal/home/.

FORÇA JOVEM UNIVERSAL

No final de 2007, a imprensa tornou pública a existência de uma escandalosa mansão construída por Edir Macedo em Campos do Jordão, estimada em R$ 6 milhões. São 2.000 metros quadrados de área construída, com 35 cômodos distribuídos em 4 andares, sendo 18 suítes com hidromassagens, mármore italiano, jardim imitando o Monte das Oliveiras de Jerusalém, adega, cinema etc. Uma segunda mansão em Campos do Jordão ocupa 4.000 metros e possui 15 cômodos, academia de ginástica e heliporto, adquirida em 1996 por R$ 1 milhão. Não se sabe ao certo quantos imóveis de luxo o bispo possui em Miami e outras localidades dos EUA.

Em 2009, o juiz da 9ª Vara Criminal de São Paulo aceitou a denúncia do Ministério Público contra o bispo e nove de seus comparsas sob a acusação de lavagem de dinheiro e formação de quadrilha, utilização de empresas fantasmas. Segundo a denúncia, essas empresas receberam R$ 71 milhões desviados da igreja entre 2004 e 2005.

De acordo com o Ministério Público, entre março de 2003 e março de 2008, foram depositados nas contas da igreja nada menos que R$ 3,9 bilhões. Acrescenta que por meio do dízimo movimenta cerca de R$ 1,4 bilhão por ano. Nos autos do processo, estima-se que tenha acumulado, até então, fortuna superior a dois bilhões de dólares.

A pedido do Ministério Público, o Conselho de Controle de Atividades Financeiras (Coaf) rastreou 87 empresas que teriam sido beneficiadas com transferência de dinheiro da igreja de Edir Macedo, entre as quais, Rádio e Televisão Record, Edminas AS, Rede Mulher de Televisão, Editora Gráfica Universal e Rede Família de Comunicação. Menos de um ano depois, a ação foi anulada pelo Tribunal de Justiça de São Paulo.

Em agosto de 2010, lançou a pedra fundamental do que seria a sede mundial de sua igreja, uma réplica do Templo de Salomão. O projeto orçado em R$ 200 milhões, situado no Brás, Zona Norte da capital paulista, ocupa área de 23.194 metros quadrados, tem 126 metros de comprimento, com 104 de largura, mais de 100 mil metros quadrados de área construída e de 55 metros de altura, tem capacidade para abrigar 10 mil pessoas. Em 2014, o bispo Macedo inaugurou o Templo de Salomão, com uma incrível mistura de símbolos do sionismo e outras religiões. Inaugurou com festa, lotada a nave do templo com capacidade para mais de dez mil pessoas, contou, inclusive, com a presença da presidenta da República e do governador do estado.

Vale mencionar que essa identificação com o sionismo não está só nos símbolos do templo. Nos atos de massa ou em programas educativos, fazem a defesa do Estado Judeu, porque "Sem esse trabalho, as pessoas ficariam sem essas informações e poderiam facilmente cair nas armadilhas daqueles que querem, a todo custo, denegrir o Estado de Israel e o povo judeu". Isso porque, atualmente, a frente política do Fatah busca unificação com o Hamas para a criação de um Estado Palestino e a destruição de Israel. Os acordos estão em negociação, fazendo com que Israel mantenha sua linha de defesa contra a Palestina. Para eles, todas as organizações palestinas são terroristas.

Outro fato importante para se destacar é que em fevereiro de 2010 o Tribunal de Justiça do Distrito Federal e dos Territórios confirmou sentença determinando que a Igreja Universal realizasse a devolução de R$ 74.341,40 doados por uma frequentadora. Ela entrou na Justiça alegando que, fragilizada emocionalmente, foi pressionada a doar a alta quantia que havia recebido. Um bom exemplo para despertar da letargia e alienação.

Em 1989, apropria-se da Rede Record. Em 2005, cria o Partido Republicano Brasileiro (PRB).

IGREJA MUNDIAL DO PODER DE DEUS

A Igreja Mundial do Poder de Deus, dissidência da Igreja Universal, foi criada por Valdomiro Santiago e sua esposa, a bispa Francileia, em 1998. Surgiu no interior de São Paulo, quando o bispo Santiago foi expulso da Universal por seu rival Edir Macedo.

Rapidamente, conquistou amplos espaços e se vangloria hoje de possuir mais de quatro mil igrejas em todos os estados. Inclusive, já iniciou a expansão pelo mundo afora: na África com a inauguração da igreja em Maputo, Moçambique; em Joanesburgo, África do Sul; Luanda, Angola; Cabo verde. Nos Estados Unidos, já está presente em 12 estados. Na América Latina, oito igrejas no Paraguai; duas na Guayana Francesa; três na Colômbia; duas na Argentina; duas no Uruguai, uma em Suriname; uma na Venezuela, uma na Bolívia, no Peru e outra no México. Na Europa, 12 em Portugal, uma na França, Itália, Alemanha, Holanda, Inglaterra. No Japão já são oito igrejas. Desde 1990, a igreja mantém uma faculdade de Teologia pastoral, a Faculdade Internacional de Teologia Gospel.

O Grande Tempo dos Milagres, na capital paulista, com 43 mil metros quadrados, comanda tudo. Quis roubar o trono de Edir Macedo, e se deu mal, perdeu algumas preciosas horas de programação nas televisões. Entretanto, continua crescendo. Mantém o título de igreja evangélica que mais cresce no mundo.

Em 2009, inaugurou a Cidade Mundial, um estúdio moderno e completo de produção de TV. A TV Mundial, ou TV IMPD, não possui concessão para canal aberto, compra horário nas emissoras Rede Bandeirantes, Rede TV, além do portal *web* com programação gravada e DVDs disponíveis. Tinha mais de mil horas nas TVs, agora tem 60. A produção da TV Mundial, contudo, já tem repetidoras a cabo no Amazonas, Mato Grosso, Alagoas, Piauí, Paraná e continua se expandindo. A rádio Nova Mundial fica no ar 24 horas por dia.

Possui também o jornal *Fé Mundial*, a revista *Mundial sem Limites*, a Rádio Ômega Mundial FM, em SP, e em 2009 arrendou a Globo a Rádio Mundial do Rio de Janeiro. Na *web,* tem a rádio Sê tu uma benção, em 98.1 FM e a TV Mundial, 24 horas no ar.

Antes de firmar contrato com pastor, que se diz "apóstolo" Valdemiro Santiago em 2008, a Rede 21 transmitia programação da Play TV, da *Gamecorp*, empresa que tem um dos filhos do presidente Lula como sócio. Santiago também já ocupa os principais horários da grade de programação da CNT no Rio de Janeiro, também da Band, e desde 2013 na Rede TV. Em 2012, lançou uma campanha para arrecadar sete milhões de reais. Conseguiu em três meses. Interessante que o fisco está atrás dele, mas não do Macedo.

> É das poucas que aceita a Trindade divina: Pai, Filho, Espírito Santo. A salvação pela fé e pelo batismo nas águas; *"Quem crer e for batizado será salvo, mas quem não crer será condenado"* (Mc 16:16).

Dizem respeitar a diversidade e levam suas mensagens a negros, índios, espíritas, umbandistas, dizendo que o Evangelho está acima das religiões.

Em 2010, elegeu dois deputados federais, José Olímpio PP/SP, reeleito em 2014 com 150 mil votos, e Francisco Floriano PR/RJ, também reeleito em 2014; deputado estadual Rodrigo Moraes, do Partido Social Cristão em São Paulo; na Câmara Municipal da cidade de São Paulo, o vereador pastor Edemilson Chaves, do Partido Progressista; e em 2014, elegeu Milton Rangel deputado estadual pelo PSD/RJ.

Eventos mais conhecidos são as Concentração de milagres e as Vigílias. Trabalham bastante nos presídios por meio do programa Evangelização Carcerária.

COMUNIDADE EVANGÉLICA SARA NOSSA TERRA

Comunidade Evangélica Sara Nossa Terra foi criada em 1992, em Brasília, pelos bispos Robson Rodovalho e Maria Lúcia Rodovalho, os quais já conseguiram instituir 550 igrejas. Pregam que a *Bíblia* é a palavra de Deus, infalível, e que Deus se revelou como Trindade. A prática mais conhecida é o culto de Quebra de Maldições. Centenas de pessoas participam de curas milagrosas de forte apelo emocional e, talvez, até hipnótico. Segundo a bispa Lúcia, formada em Psicologia, com 15 livros publicados sobre questões de fé e autoajuda: *"É vontade de Deus que sejamos prósperos em tudo na vida"*[72].

Os pastores são formados pelo Instituto Vencedores. Para a juventude, tem um ministério específico, o Arena Jovem. Para evangelização, utilizam a tática G12 ou do Grupo dos 12, em que cada cristão pode ensinar e liderar 12 pessoas na fé cristã. De fato, essa tática de células tem grande efeito multiplicador.

TV Gênesis, com sede em Brasília desde 1997, alcança 16 milhões de pessoas em 17 estados brasileiros, pode ser vista tanto pela TV aberta, como por cabo. Possui repetidoras nos Estados Unidos, Europa e África. Também pode ser alcançada por televisão a cabo e pela internet. Radio Sara Brasil, criada em 2001, com repetição em vários estados, permanece no ar 24 horas. Sara Brasil Edições e Produções[73], criada em 1998, tem mais de 75 títulos lançados. Saramusic, especializada em música gospel, é selo dos mais renomados autores e intérpretes do gênero.

Você pode ser um parceiro de Deus contribuindo com dinheiro para o projeto do bispo.

---

[72] Disponível em: https://saranossaterra.com.br/bispa-lucia-rodovalho/a-vontade-de-deus-e-que-sejamos--prosperos/

[73] *Portal web e SaraOnline TV* – https://saraplay.com.br/index.php.

IGREJA NACIONAL DO SENHOR JESUS CRISTO

A Nacional do Senhor Jesus Cristo se intitula cristã carismática, foi criada em 1994, hoje denominada Assembleia de Deus. Sua fundadora, Valnice Milhomens Coelho, era Missionária da Convenção Batista Brasileira em Moçambique. Diz que criou a igreja depois de ter conversado com Deus. Prega um Deus triúnico (ou tirânico?) e a *Bíblia*. Tem como missão a redenção do Brasil e de todos os povos para receber a segunda vinda de Jesus. *Buscar e salvar o perdido* são os objetivos e para isso forma os discípulos de Cristo. Utiliza a tática das células multiplicadoras por meio de grupos de líderes. Cada discípulo um líder e em cada casa uma célula.

No Brasil, está presente em 18 estados, atua também em Angola, Moçambique, Emirados Árabes, Japão, Espanha, Portugal e Suíça. Forma os líderes em escolas próprias — o Centro de Treinamento Bíblico — e está em fase de finalização para iniciar cursos a distância pela internet. Esse portal em preparação suportará a Webtv e a Rádio Palavra da Fé[74].

Tem como parceira a *Visión G112*, da *Misión Carismática Internacional* de México. Como de *Bíblia* se trata, tem uma certa fixação com Israel. Em agosto de 2014, promoveu a ida dos fiéis para o Congresso Profético em Israel: Jubileu de Ouro.

Em 2005, criou o Partido Ecológico Nacional (PEN), homologado somente em 2012, presidido por Adilson Barroso. Marina Silva é fiel a essa igreja. Durante a campanha eleitoral brasileira de 2014, promoveu "*40 dias de jejum e oração pelas eleições*". Como objetivo, o Congresso Nacional e as Assembleias Legislativas deveriam ser colegiados de sábios. Presidente e governadores devem se cercar de conselheiros sábios.

---

[74] Disponível em: https://radiodopalavradafe.com.br.

IGREJA EVANGÉLICA CRISTO VIVE

Cristo Vive, também denominada Missão Apostólica da Graça de Deus, tem a sede nacional e internacional no Rio de Janeiro. Fundada em 1986 pelo apóstolo Miguel Ângelo e a bispa Rosana Torres Ferreira. Angolano branco, de origem portuguesa, militou no MPL, o Movimento de Libertação de Angola, tem a pretensão de promover com a defesa e pregação de suas teses uma pró-reforma no protestantismo, já que a reforma iniciada por Lutero não se consumou. Propõe a libertação do jugo da lei para um viver orientado pelo conhecimento e pela revelação da palavra de Deus. Um Deus triúnico. Na *Bíblia,* enfatiza as 14 epístolas de Paulo. O dízimo, claro, é do Senhor, uma atitude de reconhecimento e de gratidão para com Deus.

Tem programação comprada na TV Bandeirantes, na Rede Playtv e na TBN Enlace Europeu que abarca 70 países. Além de programação da Rádio El Shaday[75].

---

[75] Disponível em: https://igrejacristovive.com.br.

POSFÁCIO

A QUESTÃO RELIGIOSA E O ADVENTO DA NOVA ROMA

Há uma questão religiosa não resolvida que exige estudo e reflexão no país. E isso não pode ser encarado do ponto de vista constitucional que assegura liberdade de culto e sim da perspectiva da Segurança Nacional, tal a extensão e a gravidade do problema.

O Estado é e deve ser laico. Desde a implantação da República, todas as constituições enfatizaram essa característica como sendo a única maneira de assegurar a liberdade de culto. Algo deve ser feito quando essa laicidade vem sendo ameaçada por uma estratégia de captura do poder, que contempla subordinar o Estado permanentemente a grupos de poder sob a tutela dos Estados Unidos.

Em outras palavras, a religião, por meio de certas denominações de cultos evangélicos, está a serviço do projeto de colonização do país, que vem sendo executado por militares de todas as graduações e que transformaram as forças armadas em tropas pretorianas a proteger os interesses dos Estados Unidos.

As forças armadas, ou militares articulados no que vem sendo definido no mundo acadêmico como Partido Militar, se prepararam por décadas para a captura do poder. Finalmente a conseguiram por meio da Operação de Inteligência que culminou com a farsa eleitoral de outubro de 2018 e contou com o ativismo cúmplice das diversas denominações evangélicas.

Antecedentes imediatos dessa trama são: o golpe de 2016 contra a presidenta Dilma Rousseff; a prisão do ex-presidente Luiz Inácio Lula da Silva, mantendo-o fora do pleito de 2018, quando era o favorito para vencer a disputa, e a chamada Operação Lava Jato. Tudo isso assessorado pelo Departamento de Justiça e por organismos de inteligência dos EUA.

A participação estadunidense ficou evidente durante o julgamento realizado pelo Supremo Tribunal Federal (STF) de Sérgio Moro, juiz de segunda instância da 13.ª Vara Federal de Curitiba, Paraná, bem como a partir das constantes viagens aos Estados Unidos dele e do procurador Deltan Dallagnol — onde recebiam instruções —, as escutas telefônicas e a presença ilegal de agentes do FBI e da CIA em território nacional.

Assim como se prepararam para a captura do poder, estão preparados para a permanência.

Na campanha eleitoral de 2018, diziam que precisavam de 30 anos para consertar o país. Uma vez no poder, a todo momento explicitaram a intenção de não o abandonar. "Daqui, só Deus me tira", repete à exaustão o capitão Jair Messias Bolsonaro, no uso das mais avançadas técnicas de diversionismo na ofensiva psicossocial da guerra cultural que vem sendo travada.

Com a proximidade das eleições presidenciais de outubro de 2022, as regras do jogo permitiram um troca-troca de legenda entre parlamentares e militância que transfiguraram a partidocracia sob a qual se realizará o pleito. Isso de um lado. De outro lado, a constatação não só da inocência de Lula, mas de que ele foi vítima de uma trama, e sua disposição de disputar a eleição, mudou completamente o quadro eleitoral, agora irreversivelmente bipolarizado entre o governo dos militares e a alternativa civil de governo.

É isso que está em jogo no pleito eleitoral de outubro de 2022.

A continuidade da ocupação militar em Brasília, legitimada pelo voto — repetindo a façanha de 2018 — ou pela força — ignorando o resultado das urnas, de um lado; de outro lado, a vitória do único candidato civil com chance e capacidade de iniciar uma transição de reconstrução da democracia e retomada do projeto de desenvolvimento. Para isso, é preciso mais que uma frente em torno de Lula, é necessário um amplo Movimento de Salvação Nacional que envolva todas as forças vivas da nação.

Não é tarefa fácil. Embora Lula apareça como preferido em todas as pesquisas, com a experiência que tem de ter perdido três eleições e vencido duas, sabe que 10% ou mais de vantagem sobre o adversário pode ser facilmente revertida, dependendo das circunstâncias posto que há ainda muita água para correr debaixo da ponte e os militares, com a faca e o queijo nas mãos, constituem um perigo real e nesses quatro anos de governo acumularam ainda mais força.

São 9 mil oficiais ocupando os principais centros de decisão do governo, em todas as instâncias e hierarquias. No total, ocupando cargos em empresas, entidades, governos municipais e estaduais, são 12 mil ou pouco mais. Uma verdadeira ocupação. Deixaram os quartéis para se enriquecer às custas do erário.

Temos 15 generais (ou serão marechais?) ganhando muito acima do teto regimental de R$ 39 mil. Burlando a lei, acumulam o soldo de militar com o salário de ministro ou de funcionário, e ainda participam de conselhos de empresas ou autarquias. Os que ganha menos, têm o salário em torno de R$ 150 mil, os mais privilegiados, acima de R$ 200 mil.

A pergunta que ninguém quer fazer: eles estão dispostos a voltar aos quartéis com menos de um terço, em alguns casos um décimo, do que ganham hoje?

Esses militares já não confiam em ninguém. Como o governo resultou de uma manobra militar, estão apostando numa chapa puro-sangue, integralmente verde-oliva, do capitão fazendo placê com o general Braga Neto, ministro da Defesa, que deixa o cargo em abril para iniciar a campanha.

A questão militar é, sem dúvida, a mais importante a ser resolvida no processo político brasileiro. É assim desde o Império. Lembremos que essa nossa triste e frágil república nasceu de um golpe perpetrado por militares. De lá para cá, temos sido uma república tutelada pelos militares. E o que é pior, vassalos dos Estados Unidos. Abdicamos da soberania.

Tal como no Império dos Bragança o poder real era compartilhado com o domínio da Igreja de Roma, hoje temos uma associação *sui generis* do poder republicano com as denominações evangélicas a serviço da Nova Roma, com sede em Washington.

Trata-se de uma associação perigosa e que está a transformar a mentalidade da administração pública. De um lado, o militar que pensa pragmaticamente como se administrasse um quartel e vê no outro não o adversário para disputar um lugar na política, mas um inimigo a ser derrotado, aniquilado. De outro lado, o criacionismo evangélico, que nega a ciência porque esta negaria Deus, tratando-se de uma visão dual do mundo: o bem contra o mal, Deus *versus* o diabo, a Democracia ou o Comunismo, e confunde qualquer divergência política, classificando-a como comunismo.

A estratégia da continuidade

Enquanto a esquerda se mantém entre perplexa diante de uma realidade que não entende, e as imponderabilidades de Lula, a direita se organiza para garantir a continuidade, assegurar seus privilégios. A estratégia da continuidade contempla ocupar todos os espaços (todos), inclusive aqueles da oposição.

O Brasil é urbano, o Congresso é rural, ou seja, dominado por uma plutocracia assentada no latifúndio e na agroindústria. Não representa sequer 20% da população e menos de 20% na formação do PIB. Os 80% da população urbana, que geram a riqueza industrial e de serviços, não têm voz no Congresso. A nação está à mercê de uma plutocracia que governa para si mesma, e o que é pior, sem nenhum sentido de soberania, deixa o país ser delapidado, metade da população no desamparo — são mais de 100 milhões de pessoas no desemprego ou na informalidade, sem futuro.

Nas votações, o governo conta com um mínimo de 300 votos e a oposição, quando consegue muitos, não passa de 150. É um massacre. A ditadura da maioria, a serviço do governo militar de ocupação, aprova as maiores barbaridades, sempre sem consulta pública, quase sempre na calada da noite.

Em finais de março, as maiores bancadas asseguravam essa esmagadora maioria: Partido Liberal (PL), com 75 deputados; União Brasil (UB), com 51; Partido Progressista (PP), com 59; Republicanos, 40; Partido Social Democrático (PSD), 45, Movimento Democrático Brasileiro (MDB), 38; Bloco Partido Social Cristão (PSC) – Partido Trabalhista Brasileiro (PTB), 15 (até aqui já temos 323 votos) e Partido da Social Democracia Brasileira (PSDB), 25. Na oposição, Partido dos Trabalhadores (PT), com 55 deputados; Partido Socialista Brasileiro (PSB), 22; Partido Democrático Trabalhista (PDT), 18; Partido Socialismo e Liberdade (PSOL), 8; Partido Comunista do Brasil (PCdoB), 7; Partido Verde (PV) 4 e Rede Sustentabilidade (Rede), 2 (somam 116).

As bancadas que decidem qualquer votação — são informais, mas reais — são os 4 Bs: do Boi ou Ruralista (Frente Parlamentar Agropecuária), com 280 membros dos mais diversos partidos; Bancada da Bala, dos Armamentistas, com 275, mais 18 no Senado; e da Bíblia, 115, fora a dos Bancos, invisível, mas poderosa, que consegue tudo por dinheiro.

Apropriaram-se do Orçamento da União e ocuparam praticamente todos os centros de decisão na máquina administrativa. Fora dela, continuam a ampliar a presença de seus apaniguados. Os integrantes do chamado Centrão são escolhidos para os melhores empregos, os de mais alta remuneração.

Vários ministros e membros do governo estão disputando cargos legislativos ou executivos com vistas a assegurar uma maioria confortável. Segundo Bolsonaro, 11 devem deixar seus postos até 30 de março.

- Capitão Jair Bolsonaro, foi deputado federal pelo Rio de Janeiro, eleito presidente pelo PSL, antes passou pelo PDC, PP, PPR, PPB, PTB, PFL, PP, PSC, e agora é candidato à reeleição pelo PL;

- Walter Braga Neto, da Defesa, deve ser candidato a vice-presidente, é do Partido Militar;

- O general Hamilton Mourão, vice-presidente, será candidato ao Senado pelo Podemos, do Rio Grande do Sul;

- Damares Alves, pastora que diz ter sido convertida pelo próprio Cristo, ocupa o Ministério da Mulher e dos Direitos Humanos, quer ser senadora pelo Republicanos;

- Coronel Aginaldo Oliveira deixa o comando da Força Nacional — filiou-se recentemente ao PL — para disputar a Câmara Federal por São Paulo;

- Tarcísio Gomes de Freitas, ministro da Infraestrutura, será candidato ao governo do Estado de São Paulo pelo Republicanos;

- João Roma, do Ministério da Cidadania, será candidato ao governo da Bahia pelo Republicanos;

- Onyx Lorenzoni, ministro do Trabalho, será candidato ao governo do Rio Grande do Sul pelo PL. Foi deputado estadual e federal e passou por PL, PFL, DEM;

- Tereza Cristina, deputada federal, ministra da Agricultura, passou por PSDB, PSB, DEM e UB e será candidata ao Senado pelo Progressistas;

- Rogério Marinho, do Desenvolvimento Regional, será candidato ao Senado pelo PL. Esse senhor antes de ser ministro foi do PSB e do PSDB;

- Fábio Faria, das Comunicações, em março deixou o PSD e ingressou no PP para ter chance de candidatar-se ao Senado. Esse senhor é genro de Sílvio Santos, proprietário da rede SBT;

- Carlos Moises da Silva, bombeiro, governador de Santa Catarina, será candidato à reeleição pelo Republicanos.

Pretendem eleger a maior quantidade possível de deputados para assegurar a maioria parlamentar.

É a hora e vez do Centrão. São dez partidos que ocupam 209 cadeiras na Câmara Federal: PL, PP, Podemos, Pros, PSD, PTB, Solidariedade, Avante, Patriotas e Republicanos, o partido da Igreja Universal do Reino de Deus. Essa turma maneja as verbas destinadas a Emendas Parlamentares, que cada parlamentar aprova e destina a seu bel-prazer. No ilegítimo governo de Michel Temer, elas somaram R$ 11,3 bilhões; R$ 45,4 bi em 2020; em 2021 foram de R$ 33,4 bi e em, 2022, poderão ultrapassar os R$ 35,6 bilhões.

Além disso, há as Emendas do Relator do Orçamento, o chamado Orçamento Secreto, repassado diretamente por ele. Em 2021, alcançou R$ 16,7 bilhões e, em 2022, R$ 16,5, maior que a verba destinada a ministérios como o da Agricultura (R$ 15,5 bilhões), do Desenvolvimento Regional (R$ 13,1 bilhões) e do Meio Ambiente (R$ 3,2 bilhões).

Contam também com o Fundo Eleitoral (Fundo Especial de Financiamento de Campanha) R$ 4,9 bilhões e R$ 1,1 bilhões do Fundo Partidário (Fundo Especial de Assistência Financeira aos Partidos Políticos), ou seja, R$ 6 bilhões para a partidocracia que torna o país ingovernável.

A estratégia contempla fortalecer o PL, partido que com a filiação do Bolsonaro está provocando debandada em vários partidos. O que mais está perdendo, com certeza, é o PSL, partido que na eleição anterior foi o que mais cresceu, atrelado à candidatura de Bolsonaro. Há que considerar que DEM e PSL, fundidos no União Brasil, com a maior bancada e maior fatia do bolo, digo, fundo eleitoral, será um forte protagonista na definição da governabilidade.

Outro ponto forte: reforçar a comunicação através da Secretaria Especial de Comunicação Social (Secom) e contratação de agências de publicidade. A Secom vem investindo forte. Em agosto de 2020, contratou, por 12 meses, três agências de publicidade por R$ 270 milhões; ainda nesse ano, em plena pandemia da covid-19, contratou uma agência desconhecida, mas especializada em mídia digital por R$ 4,9 milhões; para 2022, contratou quatro agências por R$ 450 milhões e mais R$ 60 milhões para especialistas em imagem e assessoria de imprensa em Washington. Além disso há os gastos com comunicação das autarquias e empresas estatais, aproximando os gastos ao bilhão de reais.

Mobilizar e remunerar as milícias cibernéticas. Aqui entram, tal como na campanha de 2018, empresas privadas como Havan e Riachuelo, com dinheiro, gente e equipamento para a guerra ciber. Há que ativar as milícias armadas. Além daquelas tradicionais, de origem das PMs e do crime organizado, estão surgindo novos milicianos ligados ao agronegócio e a extremistas adeptos do fascismo e do nazismo.

Manter a Polícia Federal sob estrito controle faz parte da estratégia não só da continuidade no poder como de poder seguir depredando e saqueando o território à vontade. Um dos filhos do presidente, Eduardo, é escrivão da PF, elegeu-se deputado federal pelo PSL de São Paulo. O chefe do Executivo manobrou para tirar da influência do Ministério da Justiça e passar para o comando direto da Presidência. Primeiro colocou um PF como ministro da Justiça. Em seguida, concedeu aumento privilegiado e agora está nomeando delegados para cargos importantes tanto no Brasil como no exterior.

Tratar de unificar o voto evangélico

A unificação do voto evangélico é parte essencial da estratégia da continuidade. Eles já estão em quase todos os órgãos públicos e querem mais, de olho, inclusive, no Judiciário.

Segundo o IBGE, em 2012 eram 21 denominações de igrejas evangélicas, pentecostais e neopentecostais e 43 milhões de adeptos. Os pastores atuam no microcosmos, ali no grotão das selvas ou no quarteirão do bairro mais afastado. O poder de multiplicação é impressionante a ponto de ter mais de uma igreja em um mesmo quarteirão. Uma pequena garagem abriga um templo.

O jornalista Juliano Spyer, em seu livro *O Povo de Deus – Quem são os evangélicos e por que eles importam* (Geração, 3.ª edição, 2021), foi morar numa comunidade e vivenciou o trabalho dos pastores e os resultados na população. O livro impressiona. Ele lembra que os evangélicos, em 1970, eram 5% da população e hoje já abarcam um terço dos brasileiros e logo serão majoritários. Para ele, é questão de tempo a imposição de um Estado Teocrático.

O abandono por sucessivos governos, a falta de alfabetização e o baixo nível intelectual da população favorece o proselitismo dos pastores. São iguais. Sofrem os mesmos dissabores, falam e pensam iguais. É fácil construir a narrativa em torno do binômio: o bem e o mal. Pega bem o discurso da moralidade, de Deus *versus* o diabo, do capitalismo e do comunismo, da demonização de quem prega diferente e dos partidos políticos que não aceitam a Bíblia como a palavra de Deus.

Os pentecostais e neopentecostais, ao adotarem o Novo Testamento, competem diretamente com a Igreja de Roma, com os mesmos argumentos, citando versículos de Matheus, João, etc. Ninguém pode servir a dois senhores, a Deus e a Mamon. Para ser reconhecido pelo Espírito Santo tem que servir a Deus.

São verdadeiras máquinas de fazer dinheiro

Os teleapostolos são profissionais altamente qualificados e utilizam todos os recursos da tecnologia e da psicologia para produzir alto grau de alienação nos fiéis. Como o que está em cada igreja é o povo pobre, povo negro-branco-índio, a classe média branca, pobre também, mas metida a rica, discriminou esse povo. Um verdadeiro *apartheid* social. A igreja evangélica trouxe-lhes uma espécie de libertação, ascensão social, reconhecimento pelo outro, seu vizinho, solidariedade.

A teologia da prosperidade tem um lado bom, que dignifica as pessoas, e tem um lado ruim, porque não respeita limites como proteção ambiental, reserva de território indígena, contrabando e até mesmo narcotráfico.

Naqueles territórios onde a economia informal é que garante a existência da comunidade, o narco poder evangélico impõe sua hegemonia. Como dominam os meios de comunicação, impõem o silêncio ou a complacência diante da violência que grassa nas periferias. Nas prisões, tornar-se evangélico é, para muitos, condição de sobrevivência. A reabilitação de presos é uma grande contribuição à sociedade.

Na questão indígena, pregam um verdadeiro genocídio cultural: o índio selvagem tem que ser catequizado e transformado em proprietário fundiário, com o direito de ter uma fazenda e fazer dela o quiser, seja alugar para o agronegócio, seja vender.

No lado bom, a teologia da prosperidade cria um ambiente para o empreendedorismo dando condições para o ingresso na economia formal, onde passam a ter direito à proteção do Estado. Juntos, mulheres e homens, capacitados para ter seu próprio negócio, se o negócio vai mal a Igreja ajuda. Nesse aspecto deram mais autonomia às mulheres.

Além de cobrar o dízimo dos fiéis, durante os cultos passam o chapéu e constrangem as pessoas a contribuírem com o máximo de suas posses. Muitos pastores já foram processados por extorsão, mas a prática não só continua como se difunde.

O partido Republicanos, com cerca de 500 mil filiados, funciona como uma máquina de fazer votos, presidido pelo bispo Marcos Pereira, da Igreja Universal do Reino de Deus. A Iurd, feudo do bispo Edir Macedo, mais rico do mundo, com 1.700 igrejas, votou e apoiou Lula, votou e apoiou Bolsonaro. Agora há setores dentro da grei em dúvida sobre continuar apoiando ou bandear-se para a oposição. Poderá haver dissenso na base, não creio que na cúpula. É muito dinheiro em jogo.

Navegando pelo sítio da Iurd, manejam podcast, TV, blogs, abundam notícias, depoimentos, artigos e vídeos com proselitismo que está muito além dos propósitos religiosos. Ali se lê que Lula quer ditadura comunista para o Brasil a partir de 2023. O objetivo fica claro com o histórico das alianças do PT com governos de esquerda como Cuba e Venezuela. Ademais de exaltar a ditadura chinesa e insiste em que o PT roubou 300 milhões.

Desqualificam as pesquisas que mostram Lula em primeiro lugar, que não é a realidade deles, onde a preferência é pelo candidato deles.

Em outra matéria, diz com o maior descaramento, que :

> A ideologia dos partidos de esquerda, como o PT e seus partidos satélites como o PC do B, PSB, PV, Rede e demais, não tem nada a ver com distribuição de renda e igualdade social. Eles almejam o controle das pessoas por meio do Estado, de uma esquerda com viés de ditadura que escravize o povo em troca de assistencialismo. Lula já falou abertamente que deseja

estreitar relações com o governo chinês e fazer uma parceria estratégica para dominar a sociedade e o mercado brasileiro[76].

A grande força das igrejas está na organização e na comunicação.

A Iurd comprou a TV Record e suas redes coligadas, sendo a terceira maior do país, com milhares de rádios e emissoras municipais. A Internacional da Graça de Deus, até dezembro de 2021, mantinha uma boa parte da programação da TV Bandeirantes.

A matriz em São Paulo da IURD é o Templo de Salomão, um mega templo que funciona como máquina de fazer dinheiro, e que se reproduz por todas as unidades da federação. São grandes corporações empresariais transnacionalizadas, pois já estão em três continentes.

A Iurd é paradigmática, pois é a maior e produziu o maior número de filiais, sua atuação com relação a arrecadar dinheiro é espelhada pelas demais. É muito dinheiro em jogo e, como dinheiro é poder, são poderosos politicamente. Segundo a revista Forbes, no Brasil estão os bispos mais ricos do mundo.

Edir Macedo, da Iurd, figura em primeiro lugar com US$ 950 milhões; seguido de Valdemiro Santiago, da Igreja Mundial do Poder de Deus, com US$ 220 milhões; Silas Malafaia, da Assembleia de Deus Vitória em Cristo, US$ 150 milhões; e R.R. Soares, com US$ 125 milhões, que se diz missionário da Igreja Internacional da Graça de Deus. Como duvidar que são homens de negócios empenhados em ganhar dinheiro?

As igrejas não pagam impostos, são isentas por lei. Não obstante, a Receita cai em cima quando comprovadamente atuam como empresa em manobras para ganhar dinheiro. Cobra, mas não recebe. Dezesseis dessas igrejas acumularam dívidas que somam R$ 1,9 bilhão, segundo levantamento da Procuradoria Geral da Fazenda obtido pelo UOL[77]. Em março de 2021, o governo e seus apoiadores no Congresso, aprovaram perdoar a dívida das igrejas.

---

[76] Disponível em: https://www.universal.org/noticias/post/qual-e-o-real-desejo-de-lula-para-o-brasil/.

[77] Disponível em: https://noticias.uol.com.br/politica/ultimas-noticias/2021/09/28/lista-dividas-impostos-igrejas-concentracao-80-pfgn-receita-bolsonaro.htm.

Como funciona

Essas igrejas atuam como partido político em função de um projeto de poder. A maioria integra o Centrão. O pastor atua na base eleitoral, intermediando a distribuição de recursos das Emendas Parlamentares e atuando na boca de urna.

A Bancada Evangélica, presidida por Sóstenes Cavalcante (DEM/RJ), que ao assumir a liderança disse que o objetivo é eleger, em 2022, 30% do Congresso, saindo de 115 deputados para 155 e de 13 senadores para 24. Sóstenes é da turma de Silas Malafaia, da Assembleia de Deus Vitória em Cristo.

Ele descarta qualquer hipótese de apoiarem Lula e o PT. Lula lidera as pesquisas com cerca de 42% das intenções de voto, mas entre os evangélicos, alcança 35%, o que os anima a acreditar e trabalhar para virar o jogo.

O pastor que está na base eleitoral do deputado é quem atua como intermediário entre o deputado e o cidadão ou a comunidade a ser beneficiada. Isso funciona tanto para as verbas das Emendas Parlamentares como na aplicação de recursos dos ministérios.

Em meados de março, os jornais "descobriram" que Marcelo Ponte, do Centrão, como um gabinete paralelo, controla os recursos do Fundo Nacional de Desenvolvimento da Educação, com orçamento de R$ 45,6 bilhões, sob o comando do ministro da Educação, o calvinista Milton Ribeiro.

Desde 2019, os encarregados de fazer os recursos chegarem aos destinatários, os pastores Gilmar Silva Santos, da Convenção Nacional de Igrejas e Ministros das Assembleias de Deus, e Arilton Moura, assessor político da entidade, é que destinam o dinheiro para as prefeituras. Tudo escancaradamente com finalidade eleitoreira.

Indo fundo na investigação, os repórteres do Estado de S. Paulo descobriram que Arilton Moura, para liberar recursos no valor de R$ 10 milhões para a prefeitura de Luís Domingues, no Maranhão, quis receber R$ 15 mil adiantados e um quilo de ouro, uma vez liberado o recurso (algo em torno de R$ 304 mil). O prefeito Gilberto Braga (Podemos) revelou à imprensa e a própria Bancada Evangélica na Câmara pediu abertura de uma Comissão Parlamentar de Inquérito para averiguar o escândalo no Ministério da Educação.

Outros testemunhos revelaram que Gilmar Santos também exigia como propina a compra de originais e versões comentadas da Bíblia, impressas, claro, em gráfica editora de sua propriedade.

Essa prática de assalto às verbas públicas é antiga.

Segundo o Conselho Nacional de Medicina, R$ 4,5 bilhões que deveriam servir ao Sistema Único de Saúde (SUS) escorreram pelo ralo da corrupção. Esse é o montante de dinheiro desviado da Saúde, entre 2002 e 2015, segundo constatações encaminhadas ao Tribunal de Contas da União (TCU) pela Controladoria-Geral da União (CGU). A Saúde responde sozinha por quase um terço (29%) dos recursos federais que se perderam no caminho. Ao todo, a União perdeu R$ 15,9 bilhões em desvios[78].

O Ministério da Saúde, durante a pandemia da Covid-19, sob o comando do general Eduardo Pazuello e mais 28 oficiais do Exército, perpetrou o escândalo do século, que inclui a compra e indicação de medicamentos inapropriados, superfaturamento, compra sem licitação e a não compra de equipamentos de emergência necessários nas UTIs. Foi aberta uma CPI no Senado, o relator diz que deverão ser indiciados pelo menos 40 pessoas, mas... até agora nada. Mais uma CPI que poderá terminar em pizza. Quanto ao general, teve que abandonar a pasta e como compensação ganhou um cargo de assessor do presidente.

Obrigaram a compra da Ivermectina, medicamento necessário para o combate à malária e que nada tem a ver com o combate ao coronavírus, pois, no mundo inteiro, comprovou-se que só a vacina é eficaz. Um laboratório do Exército tinha dois milhões de doses estocadas[79].

Em setembro de 2020, o Conselho de Controle de Atividades Financeiras, pediu abertura de inquérito contra o pastor Marcelo Crivella, então prefeito do Rio de Janeiro, segundo o G1 da Globo, após ter movimentado entre maio de 2018 e abril de 2019, nada menos que R$ 5,9 bilhões em propinas. Crivella é sobrinho do bispo Macedo, da Universal.

Outro exemplo paradigmático. Em um pequeno município em que pela primeira vez chegou o governo, através do Bolsa Família, criou-se um vínculo natural de reconhecimento. Depois disso, nada mais aconteceu até

---

[78] Disponível em: https://www.amg.org.br/amg_noticias/corrupcao-desvios-no-sus-somam-mais-de-r-45-bilhoes/.

[79] Para aprofundar no tema veja o sítio do Senado: ttps://www12.senado.leg.br/noticias/materias/2021/08/26/cpi-apresenta-passo-a-passo-de-fraude-em-licitacoes-no-ministerio-da-saude.

que chegou uma igreja evangélica. O pastor organizou essa gente capacitando-a para o trabalho e socialização através dos cultos.

Conclusões

O Estado é laico, mas a mídia, nas mãos da religião, mais que uma incongruência significa a submissão do Estado.

Os alienados estão em toda parte, produzidos pela mídia, pela deseducação e pela evangelização. Se trata, portanto, indistintamente, de abrir os olhos às pessoas. Dar condições para olhar crítica e criativamente a realidade.

Meu amigo Georgio Callegari (1936-2003), dominicano, teórico e prático da teologia da libertação, dizia que toda religião nasce como rebeldia, como libertação, e tende a tornar-se opressora na medida em que quer ser poder. Na contramão dos pentecostais, afirmava que o estudo não afasta da fé se a fé é verdadeira.

A demonização dos não crentes tem que ser revertida com a exposição da verdade.

Como disse um padre chileno aos paroquianos aterrorizados com a vitória do jovem Gabriel Boric, no Chile, não foram os comunistas que assassinaram os trabalhadores, não foram os comunistas que os deixaram sem emprego, deixaram seus pais e avós sem aposentadoria.

Os resultados do neoliberalismo e da incompetência dos militares na gestão do Estado estão aí, mensuráveis, doendo na carne de cada família, mesmo que amparada pelo Estado ou pelas Igrejas.

Quatro décadas de recessão no Brasil resultou na estagflação que prenuncia o caos.

Inflação de 10%, juros de 15%, tornam insuportável o custo da dívida pública, que já alcança 82% do PIB e consome quase 50% do Orçamento. O país do Pibinho (entre 0 e 2%) por décadas de neoliberalismo provocando desindustrialização, desnacionalização e desinvestimento do Estado; 40 milhões vivem abaixo da linha de pobreza e 100 milhões, metade da população brasileira, está desempregada ou na informalidade e no desamparo.

O Estado e a população são sacrificados em benefício do agronegócio e da mineração predatórios, que produzem riquezas para os países ricos; a devastação dos biomas do Cerrado, do Pantanal e da Amazônia, sem controle; a legalização da grilagem desenfreada pelo garimpo ilegal e pelo agronegócio; o avanço sobre as reservas dos povos originários e a prática de um duplo genocídio, humano e cultural.

Tudo isso ocorre com o beneplácito e a participação das forças armadas, que se deixaram conduzir por militares que abdicaram da soberania e se puseram a serviço dos interesses dos Estados Unidos. São um apêndice no Comando Sul dos Estados Unidos, tropas pretorianas para proteger os interesses do império contra seu próprio povo.

Por todo o exposto neste livro, pode-se concluir que a solução de curto prazo é a formação de uma ampla Frente de Salvação Nacional, que una as forças vivas da nação, da esquerda à direita, para vencer o governo dos militares com todo seu aparato de apoio. Em outras palavras, devolver o governo aos civis, restabelecer a democracia e criar as condições para retomada do desenvolvimento. Restabelecida a democracia, se há de formar a Frente de Libertação Nacional para construir a pátria soberana livre do imperialismo dos Estados Unidos e seus aliados.

Paulo Cannabrava Filho

REFERÊNCIAS

BARCELOS COUTINHO, Simone Andréa. Membros do poder: Escolha eleitoral deve considerar o laicismo do Estado. *Consultor Jurídico*, 23 ago. 2011.

BOÉTIE. Etienne de la. *Discurso da Servidão Voluntária.* Disponível em: https://resistir.info/livros/discurso_da_servidao_voluntaria_etienne_de_la_boetie.pdf.

BORGES, Altamiro. A "liberdade de expressão" do Opus Dei. Vermelho, 28 jan. 2015. Disponível em: https://vermelho.org.br/2015/01/26/altamiro-borges-a-liberdade-de-expressao-do-opus-dei/.

CANNABRAVA, Paulo. *A Governabililidade Impossível* - Reflexões sobre a partidocracia brasileira. Alameda, 2018.

CARTA CAPITAL, 14 nov. 2018. Disponível em: https://ww.cartacapital.com.br/politica/futuro-ministro-das-relacoes-exteriores-que-trum-pode-salvar-ocidente.

CEDIS y FEDOC. *Los Nuevos Conquistadores* – El Instituto Lingüístico de Verano en America Latina. Quito, 1981.

CORRÊA, Larissa Rocha. *Disseram que voltei Americanizada* – Relações Sindicais Brasil-Estados Unidos Na Ditadura Militar. Campinas: Unicamp, 2017.

CUNHA, Cristina Vital. Entrevista à Agência Pública – Mudança de estratégia nas candidaturas evangélicas ajudou a eleger Bolsonaro – 5 dez. 2018. Disponível em: https://apublica-org/2018/12/mudanca-de-estrategia-nas-candidaturas-evangelicas-ajudou-a-eleger-bolsonaro/.

DEMORI, Leandro. Radical católico da Espanha treinou extrema direita brasileira em 2013 com táticas que elegeram Bolsonaro. *The Intercept Brasil*, 18 ago. 2021. Disponível em: https://theintercept.com/2021/08/18/catolico-espanha-citizengo-treinou-extrema-direita-2013-bolsonaro/. Acesso em: 03 out. 2021.

DIAS, Adriana. Um mergulho no universo neonazista. Texto de Liz Sugimoto. *Jornal da Unicamp,* 28 set. 2018. Disponível em: https://www.unicamp.br/ju/noticias/2918/09/28/um-mergulho-no-universo-neonazista.

DREIFUSS, René Armand. *1964 a Conquista do Estado* – Ação Política, Poder e Golpe de Classe. São Paulo: Editora Vozes, 1985.

ESCRIVÁ, José Maria. *Camino* - Capitulo 44, Máxima 946. Disponível em: https://escrivaobras.org.book/camino/.

ESTADÃO, coluna de Sérgio Augusto – Ditos, não ditos e mal ditos. 12 set. 2020. Disponível em: https://cultura.estadao.com.br/noticias/geral,ditos-nao-ditos,70003434169.

EZCURRA, Ana Maria. *O Vaticano e o Governo Reagan*. São Paulo: Hucitec, 1984.

GUERRA, Ramiro. La Expansión territorial de los Estados Unidos a expensas de España y de los países hispano-americanos. La Habana: Editorial de Ciencias Sociales, 1973.

HANKO, Herman. [1999]. *Retratos de Santos Fiéis*. 1. ed. Tradução, Design e Produção de Thiago Mc Hertt & Equipe Fireland. [S. l.: s. n.], 2013. Título original: Portrait of Faithful Saints - Reformed Free Publishing Association.

HILL, Harold. *Como ser vencedor*. [S. l.]: Editora Vida, 1993.

INWOOD, Michael. *Dicionário Hegel*. Tradução de Álvaro Cabral, revisão técnica Karla Chediak. Rio de Janeiro: Jorge Zahar Ed.,1997.

KERTZER, David I. *O Papa e Mussolini* – A conexão secreta entre P:IO XI e a ascensão do fascismo na Europa. Rio de Janeiro: Intrínseca, 2014.

IV CONGRESSO CONTINENTAL ANTICOMUNISTA (CCA) DEL 12 AL 16 DE OCTUBRE DE 1958 – GUATEMALA.

LE MONDE DIPLOMATIC, Ano 14, n. 158, set. 2020.

LIMA, Alceu Amoroso. *Política*. [S. l.]: Agir, 1956.

MIR, Luis. *Guerra Civil Estado e Trauma*. São Paulo: Geração Editorial, 2004.

MIR, Luis. *Partido de Deus*. São Paulo: Alaúde Editorial, 2007.

OSBOM, T. L. *Curai enfermos, expulsai demônios*. São Paulo: Graça Edidorial, 2019.

PICARELLI, Maria. Militarização das escolas públicas: soldado ou cidadão?. *Educação*, 29 abr. 2019. Disponível em: https://revistaeducacao.com.br/2019/04/29/militarizacao-das-escolas/.

POLANYI, Karl. *Los límites del mercado:* reflexiones sobre economía, antropología y democracia. Tradução de Cesar Renduele. Madrid: Capitán Swing, 2014.

RAMPINELLI, Waldir José. *Fátima, o salazarismo e o colonialismo*. 2011. Disponível em: https://www4.pucsp.br/neils/downloads/Vol.2526/waldir-jose.pdf.

RUSSO, Carlos. Neopentecostais: origem, ascensão e tendência totalizante. *Diálogos do Sul*, 06 set.2014.

SPADARO S. I., Antonio; FIGUEIRA, M. *O evangelho da prosperidade*.

SPADARO S. I., Antonio; FIGUEIRA, M. *Teologia Della Prosperità*. Il Pericolo di um "Vangelo Diverso" – Cuaderno 4034, Volume III. La Civiltà Cattolica, 2018.

SUGIMOTO, Luiz. Um Mergulho no Universo Neonazista. *Jornal da Unicamp*, Campinas, 2018.

TASCA, Angelo. *El Nacimento del Fascismo*. Tradução de Antonio Aponte e Ignacio Romero de Solis. Barcelona: Ediciones Ariel, 1967.

TOYNBEE, Arnold. *America and the World Revolution*. Londres: Oxford University, 1961.

WETERMAN, Daniel. "Pastor 'desafia' fiéis a assinarem apoio a partido de Bolsonaro, em meio a culto". *O Estado de S. Paulo*, 29 jan. 2020.

WOODWARD, Bob. *VEIL*: As Guerras Secretas da Cia 1981-1987. Tradução de Jusmar Gomes. Rio de Janeiro, Editora Best Seller, 1987.